Alina Köttgen

Spotkania

Ein Polnischlehrwerk für Erwachsene

Lehrbuch

Max Hueber Verlag

Verlagsredaktion: Gaby Bauer-Negenborn · München
Zeichnungen: Jacek Adamczak · Poznań
Kolorierung der Zeichnungen: Danuta Rosczyk-Korawa · Münster
Umschlagfoto: Michael Austrup · Münster

Das Werk und seine Teile sind urheberrechtlich geschützt. Jede Verwertung in anderen als den gesetzlich zugelassenen Fällen bedarf deshalb der vorherigen schriftlichen Einwilligung des Verlags.

| 4. 3. 2. | Die letzten Ziffern |
| 2000 99 98 97 96 | bezeichnen Zahl und Jahr des Druckes. |

Alle Drucke dieser Auflage können, da unverändert, nebeneinander benutzt werden.
3., neubearbeitete Auflage 1994
© 1989 Max Hueber Verlag · D-85737 Ismaning
Gesamtherstellung: Ludwig Auer GmbH, Donauwörth
Printed in Germany
ISBN 3-19-005149-6

Vorwort

Sie haben sich entschlossen, Polnisch zu lernen. Wir freuen uns, daß Sie dazu **Spotkania – Begegnungen** verwenden. Der Titel wurde nicht zufällig gewählt. Wenn Sie sich sprachlich auf einen Aufenthalt in Polen oder auf andere „Begegnungen" mit Polen vorbereiten möchten, ist **Spotkania** für Sie das richtige Lehrwerk. Der Kurs ist ein praktisches Unterrichtswerk, das in Abendkursen der Volkshochschule entstanden ist, und somit die Bedürfnisse und Interessen deutscher Polnischlernender besonders berücksichtigt.

Im Mittelpunkt von **Spotkania** steht die Kommunikation, d.h. die Verständigung von Mensch zu Mensch in der polnischen Sprache. Die tragenden Elemente des Lehrwerks sind die Sprechabsichten (sich vorstellen, sich informieren, etwas vorschlagen usw.), die in vielen kleinen Dialogen verwirklicht werden. Die Situationen, die den Dialogen zugrundeliegen, gehen quer durch die Bereiche des Alltags (Kontaktaufnahme, Verabredungen, Einkäufe, Dienstleistungen usw.). Sie werden ihnen bei einem Aufenthalt in Polen immer wieder begegnen.

Neben dem Sprechen legt **Spotkania** von Anfang an großen Wert auf das Hörverstehen. Die Begleitcassetten machen Sie mit der polnischen Sprache in natürlichem Sprechtempo vertraut. Lesen (Schilder, Speisekarte, Theaterprogramm usw.) und Schreiben (Notizen, Formulare, Briefe usw.) werden in dem Umfang berücksichtigt, in dem Sie es in der Praxis tatsächlich benötigen.

Damit Sie aber nicht nur lebendige Sprache lernen, sondern auch echte Informationen über Polen bekommen, enthält **Spotkania** eine Fülle von Realien (Zeitungsschlagzeilen, Originalanzeigen, Fahrplanauszüge, Karikaturen) sowie kurze authentische Lesetexte (Gedichte, Lieder, Theaterszenen), die sprachlich genau auf Ihre Kenntnisse abgestimmt sind. In der zweiten Hälfte des Lehrbuchs, nachdem Sie bereits über gute Grundkenntnisse verfügen, sind längere Lesetexte enthalten. Sie werden dabei lernen, einem neuen Text die wesentlichen Informationen zu entnehmen, ohne jedes einzelne Wort zu verstehen.

Grammatik wird in **Spotkania** nicht zum Selbstzweck betrieben. Die neuen grammatischen Erscheinungen werden aus dem Sprachgebrauch heraus systematisch erarbeitet und geübt. Im Anhang des Lehrbuchs finden Sie neben dem polnisch-deutschen Lektionswortschatz einen ausführlichen Grammatikkommentar, der vor allem für die häusliche Nachbereitung geeignet ist. Die grammatischen Besonderheiten der polnischen Sprache werden in verständlicher Form beschrieben; auf grammatische Fachterminologie wird weitestgehend verzichtet. In der Grammatikübersicht (Seite 139–145) sehen Sie auf einen Blick, was Sie schon alles gelernt haben.

Neben den bereits erwähnten Begleitcassetten gibt es zu **Spotkania** ein Arbeitsbuch, das Sie sowohl im Unterricht als auch zu Hause verwenden können. Die vielfältigen und interessanten Übungen (u. a. auch Rätsel, Wortspiele, Denksportaufgaben) werden Ihnen nicht nur das Lernen erleichtern, sondern – wie wir hoffen – auch Spaß machen.

Die Unterrichtspraxis hat gezeigt, daß Sie mit **Spotkania** bei einer Doppelstunde wöchentlich 4–5 Semester beschäftigt sein werden. Danach verfügen Sie über einen soliden Grundwortschatz und Ihnen sind die wichtigsten grammatischen Erscheinungen der polnischen Sprache vertraut. Eine Reise nach Polen können wir Ihnen aber durchaus schon vorher empfehlen. Wenn Sie erfahren, wie gut Sie sich bereits verständigen können, wird das Weiterlernen noch mehr Spaß machen.

Wir hoffen, es ist uns gelungen, Ihnen mit **Spotkania** den Zugang zur polnischen Sprache so leicht und attraktiv wie möglich zu machen. Wir wünschen Ihnen viel Erfolg.

Verfasserin und Verlag

Die Texte und Übungen auf den Begleitcassetten sind im Lehrbuch mit dem Symbol gekennzeichnet. Hörverständnisübungen sind zusätzlich mit markiert. Die Ziffern am rechten/linken Rand verweisen auf die entsprechenden Übungen im Arbeitsbuch.

Inhalt

Lekcja	Redeabsichten	Situationen	Seite
1 Pierwsze spotkanie	sich vorstellen, jmdn. nach dem Namen fragen, jmdn. nach dem Befinden fragen, jmdn. begrüßen, sich verabschieden	Angaben zu Personen, Ländern, Wohnorten, persönlichem Befinden	10
2 Ile to może być?	nach Waren fragen, um eine Ware bitten, etwas bejahen/ verneinen, Telefonnummern austauschen, nach dem Alter fragen	Einkäufe am Kiosk, auf der Post	16
3 Jak mieszkamy?	um Erlaubnis bitten, Zustimmung äußern, nach einem Ort fragen, eine Ortsbeschreibung geben, ein Zimmer bestellen	Wohnsituation, Hotel, Ortsangaben	20
4 W restauracji	etwas bestellen, Wünsche äußern, etwas empfehlen, Unsicherheit ausdrücken	Essen und Trinken im Restaurant	24
5 Czym chata bogata-tym rada	nach Eigenschaften fragen, Lob aussprechen, Unzufriedenheit äußern	Essen in der Familie, polnische Gastfreundschaft, Rezepte, polnische Eßgewohnheiten	28
6 Zakupy	den Mangel an etwas benennen, Angebote vergleichen, Waren beschreiben, Bedauern ausdrücken, seine Entscheidung ändern, nach der Meinung fragen	Einkäufe im Lebensmittelgeschäft, Pewex-Laden, Textil- und Schuhgeschäft, Benzinversorgung	32
7 Jak dojść do...?	nach dem Weg fragen, den Weg beschreiben, Ortsangaben machen	Verkehrsmittel, Wegbeschreibungen	40

Lekcja	Redeabsichten	Situationen	Seite
8 Kalendarz	nach dem Datum fragen, ein Datum nennen, einen Zeitrahmen angeben, sich verabreden	Kalender, Feiertage, Glückwünsche zu Geburts- und Namenstag	44
9 Która godzina?	nach der Uhrzeit fragen, die Uhrzeit nennen, eine Zeitdauer angeben, um Auskunft bitten	offizielle Uhrzeit (Radio/Fernsehen), Uhrzeit im Alltag, Abreise vom Bahnhof	50
10 Dzień powszedni	eine Absage begründen	Tagesablauf, Alltag in Polen	56
11 Czym się interesujesz?	nach Interessen/Hobbys fragen	Freizeitgestaltung	60
12 Na wczasach	nach Vergangenem fragen, vom Urlaub berichten	Urlaub, Länder, Wetter, Erholungszentren	64
13 Co robiłaś?	über die Vergangenheit berichten	Beschäftigungen, Berufe	70
14 Wypadek samochodowy	über einen Unfall berichten, Unfallzeugen befragen, Zeugenaussagen machen	Autounfall, Verkehrsdelikte, Autoreparatur, Ersatzteile	76
15 Co za okaz zdrowia!	nach Beschwerden/Krankheiten fragen, Beschwerden beschreiben	Gesundheit, Arztbesuch, Krankenbesuch	80
16 Przepraszam	sich entschuldigen, auf Entschuldigungen reagieren	Verabredung	86
17 Co będzie?	über Zukunftspläne sprechen, Ratschläge erteilen	Horoskop, Voraussagen, Ratschläge, Urlaubsplanung	90
18 Spotkania partnerskie	sich über Pressemitteilungen unterhalten, geschäftliche Vorgänge besprechen, Vertragsverhandlungen führen	Städtepartnerschaft, Firmenkontakte	94

Anhang	**Seite**
Landkarte	98
Grammatikkommentar	101
Grammatikübersicht	140
Lektionswortschatz	147
Quellenverzeichnis	184

Lekcja 1

A Pierwsze spotkanie

Lekcja 1

Lekcja 1

B

– Pani pozwoli, że przedstawię:
  moja żona, Zofia...
– Müller.
– Bardzo mi miło.
– ...a to mój syn, Janek.
– Dzień dobry.

– A kto to jest?
– To mój brat, Stefan.
– Co on robi?
– Jest inżynierem elektronikiem.
– O, to tak jak ja!

Pani | pozwoli, że przedstawię – Pan | Wolno mi przedstawić –	moja żona, .. córka, .. siostra, .. mama mój mąż, .. syn, .. brat, .. ojciec pan Dobrowolski, pani Jabłońska państwo Stachańscy

Kim on jest?
Co on robi?

On jest inżynierem.
  nauczycielem.
  lekarzem.
  studentem.
  mechanikiem.
  urzędnikiem.

Kim ona jest?
Co ona robi?

Ona jest nauczycielką.
  urzędniczką.
  lekarką.
  pielęgniarką.
  studentką.
  sprzedawczynią.
Ona nie pracuje.

A kim pani jest?

Co robi pana żona?

Kim jesteś?   Co robisz?   Co studiujesz?   A co robi twoja koleżanka?

Lekcja 1

C

7–9

– Czy można zapytać, skąd pani jest?
– Z RFN-u, z Kolonii. A państwo? Skąd są państwo?
– My jesteśmy stąd, z Gdańska. Mieszkamy tu niedaleko.

– Jesteście z Niemiec?
– Petra jest z Niemiec, a ja jestem z Austrii.
– A gdzie mieszkacie?
– Mieszkamy w Monachium. A ty? Jesteś stąd?
– Nie, z Krakowa. Tu jestem tylko na urlopie.

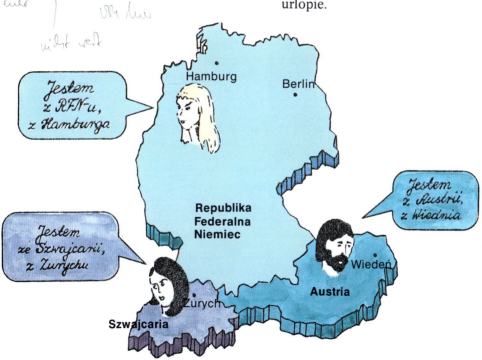

Lekcja 1

D Wolno mi przedstawić – znajomi z Polski

To są państwo Przybylak z Olsztyna. Pan Zdzisław jest inżynierem chemikiem w fabryce opon, a jego żona, pani Maria jest księgową w szkole zawodowej.

To jest pan Wasiak z Milejewa koło Elbląga. Pan Roman jest rolnikiem i ma duże gospodarstwo. Jego syn Piotr studiuje na Akademii Rolniczej w Olsztynie, bo też chce zostać rolnikiem jak jego ojciec.

To są państwo Wiśniewscy. Oni mieszkają w Poznaniu. Tadeusz jest technikiem w zakładach mechanicznych. Jego żona Ela jest tłumaczką języka niemieckiego, ale teraz nie pracuje, bo jest na urlopie wychowawczym. Mają dwoje dzieci; syn nazywa się Artur, a córka Zuzanna.

To jest pani Ewa Bekasiewicz z Gdyni. Ona pracuje w szpitalu w Gdańsku. Jej mąż jest adwokatem. Oni mają dwoje dzieci i jednego wnuka. Wnuk nazywa się Grześ i chodzi już do szkoły.

Lekcja 1

To jest pan Kowol z Katowic. Pan Jan jest górnikiem w kopalni. Jego żona jest sprzedawczynią w domu handlowym w Bytomiu. Nie mają dzieci.

Teresa Bialik jest z Łodzi, a Danka Wisłocka z Częstochowy. One studiują geografię na uniwersytecie we Wrocławiu i mieszkają razem w akademiku „Żak".

A to jest Ania Budnikowicz ze Szczecina. Jej mama, pani Wanda, jest urzędniczką, a ojciec, pan Ryszard, jest kierownikiem na budowie.
A co robi Ania? Ona chodzi jeszcze do przedszkola.

IMIĘ	NAZWISKO	ZAWÓD	MIEJSCE ZAMIESZKANIA	RODZINA
Elżbieta	Wiśniewska	tłumaczka	Poznań	mąż, dwoje dzieci
		rolnik		syn
Anna				mama, ojciec
		księgowa		mąż
			Katowice	żona
Tadeusz	Wiśniewski			żona
Ewa			Gdynia	mąż
	Budnikowicz	inżynier		żona, dziecko

Lekcja 1

E Tak samo? Czy inaczej?

	TAK	NIE
Nazwisko	☐	☐
Nazwisko panieńskie	☐	☐
Imię	☐	☐
Data urodzenia	☐	☐

	TAK	NIE
Obywatelstwo	☐	☐
Adres	☐	☐
Zawód	☐	☐
Miejsce pracy	☐	☐

F

Teatrzyk „Zielona Gęś" ma zaszczyt przedstawić:
„BIUROKRATĘ NA WAKACJACH"
Osoby: Biurokrata i Amator Kąpieli

Amator Kąpieli
pośrodku jeziora:

– RATUNKU!
– Dajmy na to Jankowski! RATUNKU!
– Piotr! RATUNKU!
– Też Piotr! RATUNKU!!
– Balbina! RATUNKU!!!
– .....bul....bul...bul
– ...bul...bul..bul

Biurokrata
na brzegu jeziora:

– Nazwisko?
– Imię?

– Imię ojca?
– Imię matki?
– Obywatelstwo?
– Zawód?!
– Nic nie rozumiem!
Ha! Dzień zapowiada się pogodny.

Kurtyna

Lekcja 1

Co słychać?

17–21

– Dzień dobry pani!
– Aa, dzień dobry.
  Co słychać?
– Dziękuję. A u pani?
– Też wszystko w porządku.

– Dzień dobry panu!
  Co za niespodzianka.
– Aa, dzień dobry. Cieszę się, że panią spotykam. Co słychać?
– A, wszystko po staremu.

– Cześć.
– Cześć Urszula! Jak się masz?
– Nieźle. A ty?
– Też dobrze.

– Cześć Marek!
– Cześć. Jak leci?
– Nieźle, a u ciebie?
– Tak sobie.

| Co słychać? | Dziękuję. Wszystko w porządku. Wszystko po staremu. Nic nowego. | Jak się masz? Jak leci? | Bardzo dobrze. Nieźle, dziękuję. Nie narzekam. Tak sobie. Jako tako. |

Lekcja 2

A Ile to może być?

1 *jeden*
2 *dwa*
3 *trzy*
4 *cztery*
5 *pięć*
6 *sześć*
7 *siedem*
8 *osiem*
9 *dziewięć*
10 *dziesięć*

B Czy jest…?

22

– Czy jest mapa turystyczna Polski?
– Tak, proszę.
– Dziękuję. Wezmę jeszcze sześć widokówek.
– Których?
– Te trzy widokówki z Gdańska i te trzy z Sopotu. A znaczki są?
– Niestety, nie ma.

…2, …3, …4 widokówki
…0, …1, …5 widokówek

| Czy jest | mapa Polski? album o Wrocławiu / Warszawie? plan miasta? informator turystyczny Opola? jakaś niemiecka gazeta? | Tak, proszę. Jest, proszę. Niestety, nie. Nie ma już. Nie ma. |
| Czy są | znaczki pocztowe? | |

11 jede**naście**
12 dwanaście
13 trzynaście
14 czternaście
15 piętnaście
16 szesnaście
17 siedemnaście
18 osiemnaście
19 dziewiętnaście
20 dwa**dzieścia**
21 dwadzieścia jeden
22 dwadzieścia dwa
30 trzy**dzieści**
40 czterdzieści

C Bingo

		1–6			1–10
		7–12			11–20
		13–18			21–30
		19–24			31–40

Lekcja 2

W kiosku

– Są bilety na tramwaj?
– Są. Ile?
– Poproszę cztery.
  Albo nie, wezmę pięć biletów.
  I dwa filmy.
– Na 24 czy 36 zdjęć?
– 36.
– Proszę bardzo.
– A ma pani też znaczki pocztowe?
– Nie, ale tu obok jest poczta.

D

23

50	pięćdziesiąt
60	sześćdziesiąt
70	siedemdziesiąt
80	osiemdziesiąt
90	dziewięćdziesiąt
100	sto
200	dwieście
300	trzysta
400	czterysta
500	pięćset
600	sześćset
700	siedemset
800	osiemset
900	dziewięćset
1000	tysiąc
2000	dwa tysiące

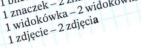

1 bilet – 2 bilet**y**
1 znaczek – 2 znaczk**i**
1 widokówka – 2 widokówk**i**
1 zdjęcie – 2 zdjęci**a**

Na poczcie

E

24–28

– Czy dostanę u pani znaczki do RFN-u?
– Tak. Na listy czy na widokówki?
– Dziesięć na widokówki i trzy na listy.
– Proszę.
  Ojej, nie ma pan drobnych?
– Zobaczę. Może mam.
  Proszę.
– Chwileczkę, to za mało. Brakuje 10 złotych.
– O, przepraszam. Mylą mi się jeszcze polskie pieniądze.
– Nic nie szkodzi.
– Proszę.

1 złoty/grosz
...2, ...3, ...4 złot**e**/grosz**e**
...0, ...1, ...5 złot**ych**/grosz**y**

Lekcja 2

F

30 02 Dłużewska Helena, Zduńska 19		23 27 Jabłoński Jan, Górna 19
30 67 Dłużniewski Janusz, Mickiewicza 8	Spółdzielcza 8 20 87 Głoczkowski Władysław, Spółdzielcza 18	25 25 Jabłoński Jan, Spółdzielcza 16 71 06 Jabłoński Józef, Nowotki 14
31 97 Dobroliński Paweł, Warszawska 36	38 97 Głogowska Ewa, mgr, Brat. Narodów 32	20 42 Jackowski Lech, Ślepa 2 37 77 Jackowski Włodzimierz, mgr, Staszica 54
23 02 Dolecka Irena, Spółdzielcza 14 22 48 Doliński Zbigniew, Spółdzielcza 2	71 77 Głowacki Wacław, Dzierżyńskiego 44 24 81 Gluszak Zbigniew, Zduńska 10	35 33 Jackiewicz Józef, Kreta 6 30 14 Jadczak Halina, mgr Świerczewskiego 14
71 02 Domaradzki Andrzej, inż., Kościuszki 42	38 18 Gnaciński Władysław, Okrzei 6 25 71 Gnitecki Wiesław, Brat.	31 91 Jakimczyk Krystyna, Orla 37 32 59 Jakimowicz Karol,
20 97 Domaradzki Edward, Bat. Chłopskich 42	Narodów 30 33 51 Godlewski Tadeusz, Staszica 58	Wasilewskiej 6 23 92 Janca Jerzy, Słowianska 9
33 17 Domin Kazimierz, Brat. Narodów 49	38 02 Gołąbek Leopold, Spółdzielcza 8 71 01 Goszczyński Zbigniew, lek.	30 14 Jancz-Józef, Kościuszki 4 30 21 Janczarek Władysław,
36 44 Domka Henryk, Brat. Narodów 41	med. Dzierżyńskiego 46 31 61 Gotgowski Wacław,	Konarskiego 6 21 01 Janiuk Jan, lek. wet.,
25 36 Dorosz Piotr, Warszawska 20 22 44 Doroszkiewicz Bolesław, Szeroka 14	Żeromskiego 39 22 91 Gottfried Jan, Łódzka 15	Kamienna 34 18 Janiuk Tomasz, Kamienna 1b 36 97 Jankiewicz Irena,
30 66 Doroszkiewicz Eugeniusz, Willowa 20	38 91 Góźdź Wiesław, lek. med., spec. chirurg., Mickiewicza 9	Dzierżyńskiego 24 25 97 Jankiewicz Stanisław,
29 55 Dowigałło Mirosław, Mickiewicza 30	Góralski Bronisław, Spółdzielcza 10	Warszawska 20 36 02 Jankiewicz Jadwiga, Kopernika 23
29 52 Drobysz Jan, 22 Lipca 21 25 48 Dubieniecka Krystyna, Spółdzielcza 3	24 43 Góral Grażyna, Brat. Narodów 30 39 06 Górecki Bronisław, Szopena 11	33 92 Jankowski Jan, Dzierżyńskiego 24 71 14 Jankowski Krzysztof,
31 21 Dubieniecki Stanisław, Grunwaldzka 16	36 28 Górka Ewa, Górna 17 71 98 Górski Tadeusz, Południowa 43	Kamienna 1 22 73 Jankowski Leon,
33 48 Duch Danuta, Kościelna 2 71 76 Duda Zdzisław, Nowotki 9 30 95 Dudulewicz Stanisław,	23 32 Grabarczyk Andrzej, Bat. Chłopskich 42	Grunwaldzka 27 31 06 Jankowski Wincenty,
Spółdzielcza 20 39 04 Dudzic Leon, Żeromskiego 97	71 09 Grabski Zdzisław, Grunwaldzka 41	Obr. Stalingradu 112

Jaki numer...

– Pamiętasz numer do Andrzeja Domaradzkiego?
– Czekaj, chyba 71 02.

G

Centrala międzymiastowa

– Czy można u pani zamówić rozmowę do RFN-u?
– Tak. Dokąd?
– Do Augsburga. Numer telefonu 43 297.
– A jaki jest kierunkowy do Augsburga?
– 08 21. Jak długo trzeba czekać?
– Dwie – trzy godziny.
– O Boże!!

Numer nie odpowiada! Czeka pan dalej?

H

Informacja telefoniczna

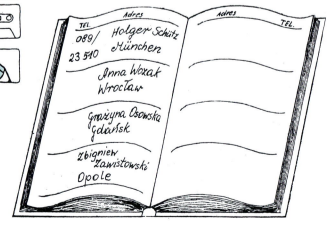

18

Lekcja 2

Ile masz lat?

31–32

– Masz jutro wieczorem czas?
– Jutro są moje urodziny.
– Kończę 31, a ty?
– No to przyjdziesz?

– 3105862.
– …05…862.

– Nie bardzo, a dlaczego pytasz?
– Oo! Ile masz już lat?
– Dopiero 29.
– Nie wiem.
Zadzwonię jeszcze do ciebie.
Jaki masz numer telefonu?
– Ojej! Nie tak szybko! 31….
– Dobra. Dziś wieczorem zadzwonię.

Mała ankieta

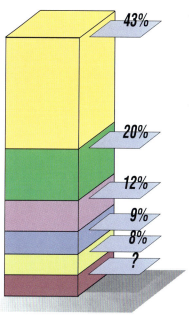

33–35

Dlaczego ludzie uczą się języka polskiego?

43 % ludzi ma krewnych lub znajomych w Polsce i często tam jeździ. Część osób pochodzi z małżeństw niemiecko-polskich i potrzebuje tego języka u siebie w domu. Przychodzą oni na kurs, żeby nauczyć się mówić po polsku.

20 % ludzi chce pojechać do Polski na urlop i nawiązać tam interesujące znajomości.

12 % ludzi pochodzi stamtąd i chce odnowić swój kontakt z krajem dzieciństwa. Wiele osób nie przychodzi na kurs, aby się nauczyć obcego języka, lecz żeby przypomnieć sobie tylko zapomniany język.

9 % ludzi chce nauczyć się czytać i pisać po polsku, żeby móc korespondować.

8 % osób potrzebuje języka polskiego do kontaktów zawodowych. Są to kupcy, naukowcy, dziennikarze, korespondenci prasowi.

0,5 % osób uczy się języka polskiego, żeby móc czytać polską literaturę w oryginale. Większość z nich studiuje slawistykę.

Kto wie?

Ile mieszkańców ma Polska / Warszawa / RFN / Bonn?
Ile lat ma Berlin / Warszawa?
Ile kosztuje bilet kolejowy / autobusowy / lotniczy do …?
Ile kilometrów jest do Warszawy / do Berlina / do …?
Jaki jest numer kierunkowy do Polski?

36–39

Lekcja 3

A

40–41

Jak mieszkamy?

Obok jest pokój dzieci. To bardzo mały pokoik, więc stoi tam tylko łóżko piętrowe, duża szafa na ubrania, a koło okna stolik.

②

Mieszkamy w tym bloku na drugim piętrze. Nasze mieszkanie nie jest duże, dwa pokoje, kuchnia, łazienka i mały przedpokój. Mamy też balkon.
Jakie jest nasze mieszkanie?

Kuchnia jest duża i jasna, bo ma duże okno. Na prawo od drzwi jest lodówka, kuchenka gazowa i szafki kuchenne. Naprzeciw stoją regały na naczynia, stół i dwa krzesła. Tutaj zawsze jemy.

①

B

42–47

– Czy można obejrzeć mieszkanie?
– Oczywiście. Proszę bardzo.
  Tu jest nasza kuchnia.
– Jak ładnie urządzona. Bardzo mi się podoba.
– Obok jest pokój dziecinny.
– O, jaki przytulny!
  A gdzie jest sypialnia państwa?
– Nasza sypialnia? Śpimy w tamtym pokoju.

Lekcja 3

(3) Naprzeciw jest nasz pokój. Jest on szeroki i bardzo jasny, bo ma duże okna i podwójne drzwi balkonowe. Narazie stoją tu tylko stare meble. Na prawo od drzwi stoi długi regał na książki, a na lewo stara wersalka, stolik i trzy fotele. Naprzeciw stoi telewizor, a koło okna moje małe biurko.

(4) I co jeszcze? ... aha, łazienka. No cóż, łazienka jest mała i niestety ciemna. Ale za to bardzo ciepła. Urządzenie jest tu standartowe: biała wanna i umywalka, prysznic i mała szafka na ręczniki i proszki.

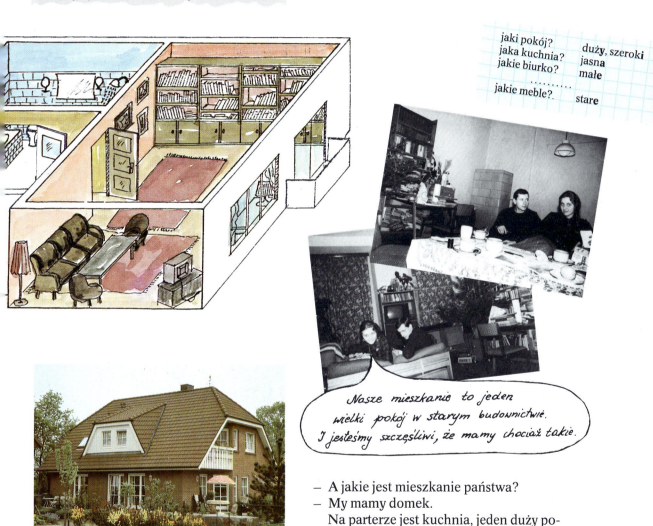

jaki pokój? duży, szeroki
jaka kuchnia? jasna
jakie biurko? małe
....
jakie meble? stare

Nasze mieszkanie to jeden wielki pokój w starym budownictwie. I jesteśmy szczęśliwi, że mamy chociaż takie.

– A jakie jest mieszkanie państwa?
– My mamy domek.
Na parterze jest kuchnia, jeden duży pokój, jeden mały i toaleta dla gości. A na piętrze jest nasza sypialnia, trzy pokoje dla dzieci i duża łazienka. Mamy też nieduży ogród.

Lekcja 3

C   Czy można...?

ZADZWONIĆ   OTWORZYĆ OKNO   ZAMKNĄĆ DRZWI   ZGASIĆ ŚWIATŁO

WŁĄCZYĆ RADIO   ZAPALIĆ   UMYĆ RĘCE   PRZEJŚĆ

D   W hotelu

HOTEL

Polonez

WYSOKI STANDARD — NISKIE CENY!

Korzystne położenie
niedaleko -centrum 5 min.
            -dworca 15 min.

Pokoje jedno- i dwuosobowe
  - z łazienką lub prysznicem
  - z telefonem
Apartamenty dwuosobowe

Restauracja   Kawiarnia
Zaplecze usługowe
Parking strzeżony całą dobę.

— Czy są jeszcze wolne pokoje?
— A na jak długo?
— Na dwa dni.
— Jest jeszcze jeden dwuosobowy z prysznicem.
— Wystarczy. Może być.

Lekcja 3

E

Gdzie jest...?

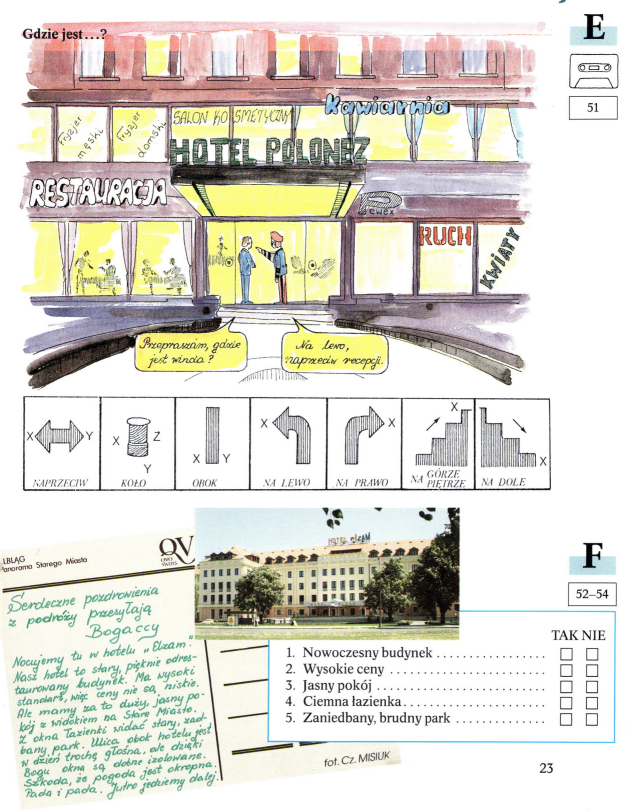

— Przepraszam, gdzie jest winda?
— Na lewo, naprzeciw recepcji.

| NAPRZECIW | KOŁO | OBOK | NA LEWO | NA PRAWO | NA GÓRZE PIĘTRZE | NA DOLE |

F

52–54

Serdeczne pozdrowienia z podróży przesyłają Bogaccy

Nocujemy tu w hotelu „Elzam". Nasz hotel to stary, pięknie odrestaurowany budynek. Ma wysoki standard, więc ceny nie są niskie. Ale mamy za to duży, jasny pokój z widokiem na Stare Miasto. Z okna łazienki widać stary, zadbany park. Ulica obok hotelu jest w dzień trochę głośna, ale dzięki Bogu okna są dobrze izolowane. Szkoda, że pogoda jest okropna. Pada i pada. Jutro jedziemy dalej.

ELBLĄG
Panorama Starego Miasta

fot. Cz. MISIUK

	TAK	NIE
1. Nowoczesny budynek	☐	☐
2. Wysokie ceny	☐	☐
3. Jasny pokój	☐	☐
4. Ciemna łazienka	☐	☐
5. Zaniedbany, brudny park	☐	☐

Lekcja 4

A W restauracji

– Proszę?
– Czy można prosić o kartę?
– Proszę bardzo. Czy podać coś do picia?
– Tak. Dla męża piwo, a dla mnie wodę mineralną. Albo nie! Wezmę sok pomarańczowy.

Poproszę   o sok.
...   o kawę
...   o piwo.

NAPOJE

bezalkoholowe

Woda mineralna „Grodziska"
Sok   jabłkowy
      pomarańczowy
      z czarnej porzeczki
Pepsi Cola
Kawa po turecku
      mokka
Herbata gruzińska
         cejlońska

alkoholowe

Piwo jasne „Żywiec"
Wino czerwone „Egri Bikaver"
     białe „Murfatlar"
Szampan rosyjski
Wódka „Wyborowa"
       „Żytnia"

– A CO DLA CIEBIE? JA STAWIAM

Czy można prosić o .....?

| łyżka | szklanka | talerz | cukier |
| widelec | kieliszek | nóż | sól i pieprz |

Proszę.
Chwileczkę.
Zaraz przyniosę.
Tak, oczywiście.
Już podaję.

Lekcja 4

B

61–63

```
~~~~~~~~~~~~~~~~~~~~~~~~~~~~~~~~~~~~~~~~~~~~~~~~~~~~~~~~~~~~~~~~~~~

                    ZUPY

    Rosół z żółtkiem                    ...
    Barszcz z pasztecikiem              ...
    Pomidorowa z makaronem              ...
    Ogórkowa z ryżem                    ...
    Żur                                 ...
    Kapuśniak                           ...

                DANIA MIĘSNE

    Kotlet schabowy panierowany, frytki, sałata  ...
    Pieczeń wieprzowa,  kluski, mizeria          ...
    Golonka, ziemniaki, surówka z kapusty        ...
    Bigos, ziemniaki puree                       ...
    Kotlet mielony, puree, fasolka               ...
    Gołąbki z ryżem                              ...

    Zrazy, kasza gryczana, kiszony ogórek        ...
    Gulasz wołowy, puree                         ...
    Stek barani, sos pieczarkowy, frytki         ...

    Kurczak pieczony,  ryż, groszek              ...
    Pierogi z mięsem                             ...
    Naleśniki z serem                            ...

                    DESERY

    Ciastko tortowe                     ...
    Krem owocowy                        ...
    Budyń malinowy                      ...
    Kisiel                              ...
    Lody bakaliowe                      ...
         czekoladowe
    Bita śmietana                       ...
```

Co by tu zamówić...

– Mam ochotę na zupę ogórkową z ryżem.
– Ja wolę barszcz z pasztecikiem. A co na drugie?
– Chyba wezmę bigos... A ty?
– Zrazy z kaszą gryczaną.

INSTRUMENTAL DER BEGLEITUNG	
(pasztecik)	z pasztecik**iem**
(kasza)	z kasz**ą**
(żółtko)	z żółtk**iem**
....	
(kartofle)	z kartofl**ami**

C

64–67

Czy państwo już wybrali?

– Poproszę zupę ogórkową i bigos z kartoflami.
– Ja wezmę barszcz, zrazy i do tego surówkę.
– A co na deser?
– Co pan poleca?
– Może lody bakaliowe z bitą śmietaną?
– Poproszę.

Lekcja 4

D

68–69

– Proszę pana!
  Poproszę pierogi z budyniem!
– Pierogi z budyniem!?
– Tak, z budyniem.
– Mamy tylko pierogi z mięsem.
– Z mięsem nie lubię.
  No to poproszę barszcz z frytkami.
– Barszcz z ....!?
– ....

E

70–73

– Jak smakuje?
– Zupa jest bardzo smaczna.
  A twój barszcz?
– Nie za bardzo.
– O, dlaczego?
– Jest za zimny.
– Przesadzasz chyba...

Jadłem już lepszy barszcz

Piłam już lepsze piwo

Barszcz jest zimny.
            niedobry.
            okropny.
            bez smaku.

Zupa jest smaczna.
          wyśmienita.
          wyborna.
          bardzo dobra.

Piwo jest niezłe.
          takie sobie.
          niespecjalne.
          nie za bardzo.

Bigos przypalony! *Pieczeń za tłusta!* *Kompot za słodki!* *Zupa za słona!* *Pierogi rozgotowane!*

Żur za kwaśny! *Kotlet mielony nieświeży!* *Zrazy za twarde!* *Frytki za miękkie!* *Chleb czerstwy!* *Gulasz za ostry!*

Lekcja 4

F

74–76

– Smakowało państwu?
– Dziękuję. Poproszę o rachunek!
– Razem czy osobno?
– Razem.
– Zaraz przyniosę.

...

– Proszę bardzo.
– Dziękuję. Reszty nie trzeba.
– Dziękuję pani.

– Mam nadzieję, że jest jeszcze coś do jedzenia?
– Oczywiście.
– No to poproszę o kartę.
– Już się robi. Muszę tylko skreślić kilka rzeczy... Proszę bardzo.
– Pieczeń wołową poproszę.
– Zapomniałem skreślić?! Nie ma już.
– A jest pieczeń wieprzowa?
– Jak nie skreślona, to znaczy, że jest. Podać?
– Poproszę.
   .....
– Proszę pana! O ile się nie mylę, to to jest pieczeń wołowa!!
– Wykluczone! Wołowina jest przecież skreślona.

G

77

Lekcja 5

A Czym chata bogata – tym rada

– Napije się pani wina?
– Chętnie, dziękuję.
– A pan?
– Dziękuję bardzo, ale nie piję alkoholu, gdy jestem samochodem.
– No to może soku?
– A to chętnie.

Napije się pan herbaty?
Wypije pani trochę wina?
 	
Spróbuje pan trochę tort**u**?
Zje pani sałatk**i**?
         ciast**a**?
         grzyb**ów**?
	Chętnie, poproszę.
	O, dziękuję. Chętnie spróbuję.
	
	Dziękuję, ale nie piję alkoholu.
	… ale nie wolno mi pić alkoholu.
	… ale nie mogę jeść pomidorów.
	… ale nie lubię flaków.
	… ale nie jestem głodny (-a).
	… ale już jadłem (-łam).

```
GENITIV DER MENGENANGABE
trochę  sok u, ser a
  …     kaw y, sałatk i
  …            mięs a
  …………
  …            grzybk ów
```

– Jeszcze troszkę mięsa?
– Nie, dziękuję. Wspaniale smakuje, ale już jestem najedzona.
– Ani troszeczkę….?
– Nie. Naprawdę dziękuję. Może później. Teraz nie dam rady.

obchodzić się z kimś jak z jajkiem

Lekcja 5

B

trochę – troszkę – troszeczkę   szklankę – szklaneczkę

filiżankę   plasterek   kromkę

kawałek – kawałeczek

kieliszek – kieliszeczek   pół   talerz – talerzyk

78–80

– Może pani wypije filiżankę kawy?
– Prawdę mówiąc, nie przepadam za kawą.
– Wolałabym zamiast tego szklankę mocnej herbaty.
– Zaraz zrobię. Z cytryną czy bez?
– Wolę bez cytryny, jeśli można prosić.

C

przepadać za + Instrumental
bez + Genitiv des Mangels
zamiast + Genitiv

81–83

Iść jak ciepłe bułki
Wypić piwo którego się sobie nawarzyło

Lekcja 5

D

84

PRZEPIS NA BIGOS

_____ kiszonej kapusty   _____ suszonych grzybów
_____ mięsa wieprzowego   _____ powideł śliwkowych
         i wołowego   _____ listki laurowe
_____ słoniny i /lub wędzo- _____ czerwonego wina
      nego boczku   _____ soli, pieprzu, cukru

Kapustę trzeba zagotować i odcedzić

Mięso i słoninę pokroić w kostkę

... ewentualnie podsmażyć

dodać do kapusty i przyprawić

Gotować, aż będzie miękkie i aromatyczne
/najlepiej 2-3 razy po dwie godziny/

UWAGA! CZĘSTO MIESZAĆ, BO BIGOS LUBI SIĘ PRZYPALAĆ!

E Co kraj to obyczaj.

86–88

Czy wiesz, że w Polsce ....
– na śniadanie i kolację pije się herbatę lub gorące mleko i jada się najchętniej chleb z wędliną (a nie z dżemem) i jajko?
– obiad jada się dopiero po pracy tzn. po 15.00?
– do zupy na obiad podaje się chleb, a ziemniaki polewa się gorącym tłuszczem?
– kompot pije się ze szklanki jako napój?
– na deser po obiedzie podaje się kawę i ciasto?
– pije się tylko niefiltrowaną kawę, którą podaje się zawsze w szklance?
– gdy się wstaje po jedzeniu od stołu, mówi się zawsze „dziękuję"?

A jak jest w Niemczech?

Naprawdę?! Nie pije się kawy?

Niemożliwe!! Dopiero po pracy!

Dziwne....

To mi się podoba!

Lekcja 5

Czy to prawda? Jak sądzisz?

F 89

- Najlepsze są polskie gęsi.
- Niełatwo tam dbać o linię. Tuczą każdego gościa.
- Polacy strasznie dużo piją!
- Bo ja wiem...
- To już chyba historia.
- Tam można najeść się pysznych lodów.
- Jedzenie w Polsce jest strasznie drogie!
- No nie jestem tego taka pewna...
- Do chleba jedzą tylko wędlinę.
- Masz rację.
- Nie sądzę.
- To zależy, gdzie się je.
- Kawa jest tam nie do picia!
- Dlatego, że z fusami? Mnie to nie przeszkadza.

Dyzio Marzyciel

G 85

Julian Tuwim

Położył się Dyzio na łące,
Przygląda się niebu błękitnemu
I marzy:
5 Jaka szkoda, że te obłoczki płynące
Nie są z waniliowego kremu...
A te różowe –
Że to nie lody malinowe...
A te złociste, pierzaste –
10 Że to nie stosy ciastek...
I szkoda, że całe niebo
Nie jest z tortu czekoladowego..
Jaki piękny byłby wtedy świat!
Leżałbym sobie jak leżę,
15 Na tej murawie świeżej,
Wyciągnąłbym tylko rękę
I jadł... i jadł... i jadł...

Lekcja 6

A Zakupy

90–97

– Poproszę kostkę masła.
– Proszę. Czy to wszystko?
– Nie, poproszę jeszcze 5 bułek i 3 rogaliki.
– Nie ma już ani bułek ani rogalików.
– Szkoda. W takim razie wezmę pół chleba.
– Którego?
– Wszystko jedno. Byle świeży.

kostkę masła
litr mleka
pudełko makaronu
paczkę herbaty
słoik dżemu
30 deko twarogu
puszkę groszku
torebkę żuru
kilo pomidorów
tubkę pasty do zębów
karton proszku do prania
butelkę czerwonego wina

GENITIV DES MANGELS

Czego nie ma?
chleb**a**   : pomidor**ów**
past**y**   : cytry**n**/grusz**ek**
masł**a**   : jabł**ek**

Lekcja 6

B

- — Czy można prosić o filiżankę rosołu?
- — Filiżankę rosołu? Panu chyba chodzi o kostkę rosołu?
- — Kostkę rosołu? Nie, to już wolę talerz barszczu.
- — Talerz barszczu? Mogę tylko dać torebkę barszczu na cztery talerze.
- — Nie, dziękuję. W takim razie wypiję tylko szklankę gorącego mleka.
- — Szklankę gorącego mleka?! To chyba pomyłka! Bar mleczny jest obok. Tutaj jest sklep spożywczy.

C

Lekcja 6

 W sklepie

– Są „Marlboro"?
– Przecież pan widzi.
– A rzeczywiście.
  To poproszę 10 paczek.
– Jest już tylko 6.
– Trudno, niech będzie i 6.
– Wszystko?
– Wezmę jeszcze 5 puszek
  piwa. Jeśli można prosić.
– Ale jakiego?
– „dab".

...2, ...3, ...4 paczk**i**   ...5, ...6, ... pacz**ek**
                  puszk**i**   ...   pusz**ek**
                  butelk**i**   ...   butel**ek**
                  tabliczk**i** ...   tablicz**ek**

W kantorze

– Przepraszam, czy można u pani zrealizować euroczek?
– Oczywiście.
– To świetnie. Potrzebuję sto marek.
– Zaraz, zaraz... Ja mogę panu wypłacić tylko w złotówkach.
– Ale ja słyszałem, że w Polsce można zrealizować w markach.
– Możliwe. Ale nie u nas.
  Musi pan zapytać w banku.

Lekcja 6

Na stacji benzynowej

– Do pełna proszę.
– Ten samochód jeździ na ropę?
– Nie, na benzynę. To nie tu?
  Ma pan bezołowiową super?
– Bezołowiowa jest.
  Ale czy to super…?
– A ile ma oktanów?
– Chyba 95. Innej nie mamy.
– Niech będzie.
  Gdzie mam podjechać?
– Pan podjedzie do pierwszego
  dystrybutora.

…2,…3,…4 litry
…5,…6,… litrów

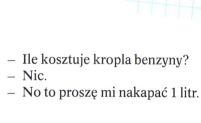

– Ile kosztuje kropla benzyny?
– Nic.
– No to proszę mi nakapać 1 litr.

Lekcja 6

F

100–107

— Chciałabym zobaczyć tę różową bluzkę.
— Proszę.
— Wydaje mi się, że ta bluzka będzie na mnie za mała. Czy ma pani większy rozmiar?
— Tak, ale niebieskiego koloru.
— Niech będzie.

— Chciałbym przymierzyć tamte brązowe sandały.
— Proszę.
— Nie, nie te! Tamte jaśniejsze poproszę.
— Ale tamte są mniejsze niż te.
— Szkoda. Trudno, spróbuję te.
— Proszę.

Ta bluzka jest za małą.	Czy jest większa?
duża.	mniejsza?
długa.	krótsza?
krótka.	dłuższa?
droga.	tańsza?
wąska.	szersza?
szeroka.	węższa?

ten	→	tamten
ta	→	tamta
to	→	tamto
te	→	tamte

— Popatrz na tamtą kurtkę. W sam raz na ciebie.
— Która? Ta brązowa? Chyba sobie żartujesz? Musiałbym schudnąć z 5 kilo.

schudnąć ↔ przytyć

spódnica koszula spodnie

sukienka sweter płaszcz

Lekcja 6

– Jakie ładne kozaki! Gdzie kupiłaś? Pewnie w komisie?
– Skądże, w tym nowym sklepie na Kopernika. Wiesz, koło Orbisu.

– Co masz taką niewyraźną minę?
– A wiesz, kupiłem sobie buty i strasznie mnie cisną.
– Współczuję, znam ten ból.

... w piątek.
Spotkamy się na dworcu. Będę miała na sobie ....
.... i futrzaną czapkę, a w ręku .... walizkę.

G

108–112

H

ZGADUJ ZGADULA
Kogo z nas mam na myśli?

Czy ta osoba ma na sobie spodnie?	→ Tak.
Czy to są dżinsy?	→ Nie.
Czy te spodnie są brązowego koloru?	→ Nie.
Czy ona ma na sobie koszulę w kratkę?	→ Nie.
Czy jej koszula jest w paski?	→ Nie.
No to może ma bluzkę w kwiatki?	→ Tak.
Masz na myśli Christel?	→ Tak. Zgadza się.

Lekcja 6

I

**LETNIA SZKOŁA
KULTURY I JĘZYKA POLSKIEGO
WE WROCŁAWIU**

Kursy dla początkujących i zaawansowanych
Trwają cztery tygodnie
Ilość godzin: 69 – zajęcia językowe
15 – wykłady (j. niem. ang.)
Grupy – około 7 osób
Bogaty program turystyczny
– zwiedzanie Wrocławia, 3-dniowa wycieczka
i kulturalny
– muzea, galerie, spotkania z artystami,
  pisarzami, dziennikarzami, politykami

**LETNIA SZKOŁA
KULTURY I JĘZYKA POLSKIEGO
W KRAKOWIE**

**Trzy- cztery- i sześciotygodniowe
kursy dla początkujących i zaawansowanych**
Trzytygodniowy kurs: 75 godzin języka
15 godz. wykładów (j. ang.)
Grupy – około 15 osób
W programie turystycznym
– zwiedzanie Krakowa i wycieczki w soboty i
  niedziele (Tatry, Wieliczka, Oświęcim)

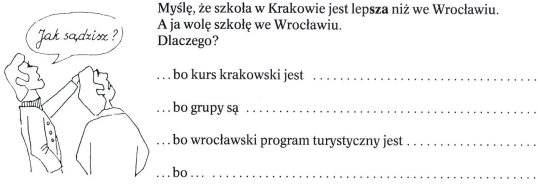

Myślę, że szkoła w Krakowie jest lep**sza** niż we Wrocławiu.
A ja wolę szkołę we Wrocławiu.
Dlaczego?

...bo kurs krakowski jest ....

...bo grupy są ....

...bo wrocławski program turystyczny jest ....

...bo... ....

| lepsza – gorsza |
| bardziej interesujący
mniej interesujący |

| większa – mniejsza |
| ciekawszy |

| droższa – tańsza |
| bardziej intensywny |

Lekcja 6

J

115–118

Który lepszy?

POLONEZ 1,5

Pięciodrzwiowy

Silnik czterocylindrowy
 czterotaktowy
Pojemność 1481 cm^3
Moc 82 KM

Szybkość 155 km/h
Zużycie benzyny 8,5 l/100 km

Długość 427,2 cm
Szerokość 165,1 cm
Wysokość 137,9 cm

FIAT 126 p

Dwudrzwiowy

Silnik dwucylindrowy
 czterotaktowy
Pojemność 652 cm^3
Moc 24 KM

Szybkość 105 km/h
Zużycie benzyny 5,5 l/100 km

Długość 305 cm
Szerokość 137 cm
Wysokość 133 cm

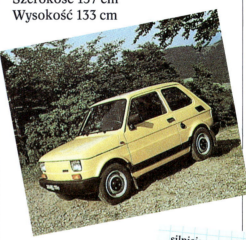

silniejszy ↔ słabszy
nowszy ↔ starszy
wygodniejszy ↔ mniej wygodny
praktyczniejszy ↔ mniej praktyczny
bardziej oszczędny ↔ mniej oszczędny

-- Który samochód ci się bardziej podoba?
– Maluch. Jest może mniej wygodny, ale za to bardziej oszczędny niż Polonez.
– A ja wolę ....

A jaki ty masz samochód?
Czy jesteś zadowolony (-a) z twojego samochodu?
Spróbuj go porównać z Polonezem.

To prawda, że kupiłeś sobie mercedesa?

Coś ty! To nie na moją kieszeń.

Jak długo można gadać o samochodach? Mam już dość.

Lekcja 7

A Jak dojść do...?

– Przepraszam, jak dojść do ratusza?
– Proszę iść prosto do drugiego skrzyżowania, tam skręcić na prawo i dojść do placu. Ratusz jest po lewej stronie.
– Dziękuję panu.

– Czy może mi pani powiedzieć, jak dojść do muzeum?
– O, to dość daleko. Proszę iść tą ulicą cały czas prosto, aż pan minie park. Za parkiem proszę pójść na prawo. Stamtąd już widać muzeum.

– Gdzie jest najbliższy postój taksówek?
– Zaraz za rogiem. Proszę przejść na drugą stronę ulicy i dojść do skrzyżowania. Postój jest po drugiej stronie.

1. → pierwszy
2. → drugi
3. → trzeci
4. → czwarty
5. → piąty

40

Lekcja 7

B

Jak dojechać do…?

120–125

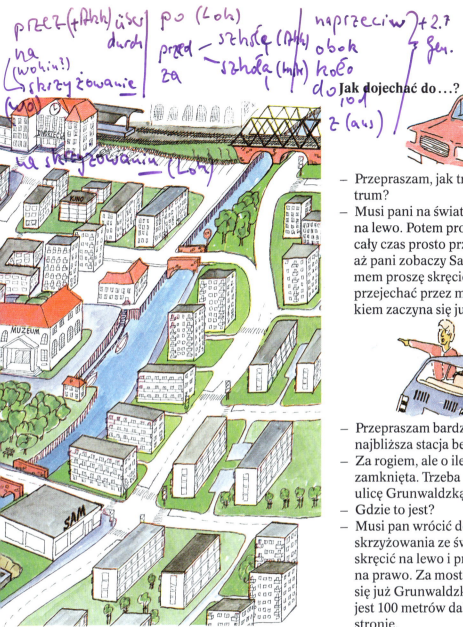

– Przepraszam, jak trafić do centrum?
– Musi pani na światłach skręcić na lewo. Potem proszę jechać cały czas prosto przez osiedle, aż pani zobaczy Sam. Przed Samem proszę skręcić na prawo, przejechać przez most i za parkiem zaczyna się już centrum.

– Przepraszam bardzo, gdzie jest najbliższa stacja benzynowa?
– Za rogiem, ale o ile wiem jest zamknięta. Trzeba jechać na ulicę Grunwaldzką.
– Gdzie to jest?
– Musi pan wrócić do pierwszego skrzyżowania ze światłami, tam skręcić na lewo i przed Samem na prawo. Za mostem zaczyna się już Grunwaldzka. A CPN jest 100 metrów dalej po lewej stronie.

C

ZGADUJ ZGADULA
Gdzie ja jestem?

Czy jesteś po prawej stronie rzeki?	→ Nie.
Czy jesteś w centrum?	→ Nie całkiem.
Może jesteś koło kościoła?	→ Nie.
A przed ratuszem?	→ Nie.
Czy widać stamtąd kamieniczki?	→ Tak.
A budkę telefoniczną?	→ Tak.
Może więc jesteś w budce i dzwonisz?	→ Zgadza się.

– Czy może mi pan powiedzieć, gdzie tu jest jakiś sklep spożywczy?
– Niestety, nie wiem. Ja też nie jestem stąd.

Lekcja 7

D

– Dojadę tym tramwajem do dworca?
– Nie, musi pan jechać jedynką.
– Ile to przystanków?
– Na piątym przystanku musi pan wysiąść. Stamtąd już widać dworzec.

1	jedynka
2	dwójka
3	trójka
4	czwórka
5	piątka
6	szóstka
7	siódemka
8	ósemka
9	dziewiątka
10	dziesiątka
11	jedenastka
12	dwunastka
13	trzynastka
20	dwudziestka
21	dwadzieścia jeden
30	trzydziestka

E

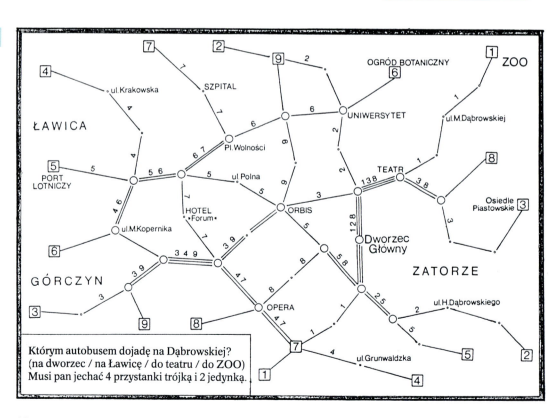

Którym autobusem dojadę na Dąbrowskiej?
(na dworzec / na Ławicę / do teatru / do ZOO)
Musi pan jechać 4 przystanki trójką i 2 jedynką.

Lekcja 7

F

127

Czym dojeżdżasz?

Dojeżdżam autobusem.
　　　　　tramwajem.
　　　　　kolejką.
　　　　　samochodem.
　　　　　rowerem.
Chodzę pieszo.
　　　　na piechotę.

Dlaczego?
Bo szybciej
　　taniej
　　wygodniej
　　lepiej
　　…………
　　…………

– Czym dojeżdżasz do pracy?
– Różnie. Czasem autobusem, ale najczęściej tramwajem.
– Dlaczego?
– Bo częściej jeździ i staje przed zakładem. A autobus ma przystanek dwie ulice dalej i często się spóźnia.

W domu towarowym

G

❖❖❖❖❖❖❖❖❖❖❖❖❖❖❖❖❖

Tablica informacyjna

PARTER
DROGERIA – KSIĘGARNIA – PAPIERNICZY – JUBILER

I PIĘTRO
ODZIEŻ DZIECIĘCA – OBUWIE – ZABAWKI – PASMANTERIA

II PIĘTRO
KOSMETYKI – ODZIEŻ DAMSKA – OBUWIE DAMSKIE – MATERIAŁY

III PIĘTRO
ODZIEŻ MĘSKA I OBUWIE – ARTYKUŁY SPORTOWE I FOTOGRAFICZNE – SPRZĘT ELEKTRYCZNY

IV PIĘTRO
MEBLOWY – DYWANY – 1001 DROBIAZGÓW

V PIĘTRO
PEWEX

❖❖❖❖❖❖❖❖❖❖❖❖❖❖❖❖❖

– Przepraszam, na którym piętrze jest dział kosmetyczny?
– Na drugim.
– A gdzie dostanę plan miasta?
– Tu na parterze jest księgarnia. Niech pan tam zapyta.

Lekcja 8

A Kalendarz

128–130

– Nie wiesz, kiedy są urodziny Urszuli?
– Czekaj.... chyba jedenastego marca.
– To znaczy za trzy dni.
– Cooo?! Tak szybko! Którego mamy dzisiaj?
– Ósmego.
– O Boże, już ósmego! Jak ten czas leci!

1 pierw**sz**ego
2 drugiego
3 trzeciego
4 czwartego
5 piątego
6 szóstego
7 siódmego
8 ósmego
9 dziewiątego
10 dziesiątego
11 jede**nastego**
12 dwunastego
13 trzynastego

20 dwu**dziestego**
21 dwudziestego pierwszego

30 trzydziestego

| Kiedy? | dziś, dzisiaj
jutro
za dwa dni = pojutrze
za 7 dni = za tydzień
za 14 dni = za 2 tygodnie
za 31 dni = za miesiąc
za 12 miesięcy = za rok |

Kiedy | są twoje urodziny?
Którego | imieniny?

Którego są imieniny Stefana?
                     Doroty?

Którego mamy dzisiaj?

15 I	stycznia
12 II	lutego
9 III	marca
20 IV	kwietnia
28 V	maja
4 VI	czerwca
3 VII	lipca
31 VIII	sierpnia
19 IX	września
17 X	października
22 XI	listopada
5 XII	grudnia

Lekcja 8

Solenizantka

– Kiedy pani ma urodziny?
– Dzisiaj.
– Ooo, naprawdę?! W takim razie życzę wszystkiego najlepszego!
– Dziękuję.

B

132

Dzień Kobiet
Dzień Matki
Dzień Dziecka

Andrzejki
Sylwestra

święta państwowe:
Święto Pracy
Konstytucji 3-go Maja
Święto Niepodległości

święta kościelne:
Wielkanoc
Boże Ciało
Wniebowstąpienie
  N. M. Panny
Święto Zmarłych
Boże Narodzenie

Kiedy zaczyna się wiosna kalendarzowa?
(lato / jesień / zima)

Kiedy obchodzi się w Polsce......? **C**

131

Lekcja 8

— Masz jutro po południu czas?
— Nie bardzo. Dlaczego pytasz?
— Może pójdziemy do kina na ten nowy film Wajdy?
— Niezły pomysł. Chętnie pójdę, ale nie jutro. Jutro naprawdę nie mam czasu. Muszę iść do miasta na zakupy.
— A pojutrze?
— Pojutrze.... czekaj.... Nie, też nie mogę. Muszę iść do dentysty.
— No to może w niedzielę?
— W niedzielę może być.
— Gdzie się spotkamy?
— Najlepiej przed kinem.

Może pójdziemy do kina na film Faßbindera?
                do teatru na sztukę Moliera?
                do opery na Aidę?
                do filharmonii na koncert?
                do Muzeum Narodowego?
                do parku na spacer?
                do restauracji na obiad?
                do kawiarni na lody?
                ....
                ....
                ....
                ....
                ....

Chętnie.
Niezły pomysł.
Czemu nie.

Niestety, nie mogę.
Nie mam czasu przed południem.
                po południu.
                wieczorem.
Muszę iść do miasta na zakupy.
Idę do informacji turystycznej.
        na dworzec po bilety.
        na urodziny do Ewy.
Wyjeżdżam na urlop.
Mam gości w domu.

Trzeba kupić prezent dla Ewy. Proszę umówić się na zakupy!

Poniedziałek	Wtorek	Środa	Czwartek	Piątek	Sobota	Niedziela
8⁰⁰						
9⁰⁰	dentysta					
10⁰⁰				odebrać bilety na koncert		
11⁰⁰						
12⁰⁰						
13⁰⁰						
14⁰⁰						
15⁰⁰ fryzjer						
16⁰⁰		"Człowiek z marmuru" Wajdy				
17⁰⁰						
18⁰⁰						
19⁰⁰						
20⁰⁰ Nowakowie						
21⁰⁰						
22⁰⁰						
3 lutego	4 lutego	5 lutego	6 lutego	7 lutego	8 lutego	9 lutego

Lekcja 8

Mucha

Jan Brzechwa

Z kąpieli każdy korzysta,
A mucha chciała być czysta.
W niedzielę kąpała się w smole,
A w poniedziałek w rosole,
5 We wtorek w czerwonym winie,
A znowu w środę – w czerninie.
A potem w czwartek – w bigosie,
A w piątek w tatarskim sosie,
W sobotę w soku z moreli –
10 Co miała z takich kąpieli?
Co miała? Zmartwienie miała,
Bo z brudu lepi się cała,
A na myśl jej nie przychodzi,
Żeby wykąpać się w wodzie.

– Ewa ma niedługo urodziny. Co by tu jej kupić na prezent? Jak myślisz?
– Bo ja wiem . . . . może jakiś ładny kalendarz?
– Nie, to chyba nie najlepszy pomysł. Ona ma już jeden.
– A jakąś książkę? Ewa przecież chętnie czyta.
– Eee, to takie banalne.
– No to może płytę?
– Płytę . . . . nie . . . Czekaj, mam chyba lepszy pomysł. Zaproszę ją do teatru. Na pewno się ucieszy. Jeszcze dzisiaj postaram się o bilety.

	TAK	NIE
1. Bożena dzwoni do kasy Teatru Wielkiego.	☐	☐
2. Dziś grają sztukę Sofoklesa „Król Edyp".	☐	☐
3. Bożena woli komedię Moliera „Mieszczanin szlachcicem".	☐	☐
4. Ona prosi o cztery bilety w pierwszym rzędzie.	☐	☐
5. Są już tylko trzy wolne miejsca w pierwszym rzędzie.	☐	☐
6. Bożena musi więc wziąć bilety na balkonie.	☐	☐

Lekcja 8

I Wycieczka

– Może pojedziesz z nami na krótką wycieczkę do Polski?
– Niezły pomysł! Kiedy? Dokąd?
– Za trzy tygodnie, 5-ego kwietnia. To jest w czasie ferii wielkanocnych. Chcemy zwiedzić Warszawę.
– Czym jedziecie? Samochodem czy pociągiem?
– Coś ty?! Lecimy samolotem. W sobotę rano odlot z Kolonii, a w poniedziałek po południu powrót.
– Tak krótko? To jakaś zorganizowana wycieczka?
– Tak. Pierwszego dnia przewodnik turystyczny pokaże nam ważniejsze zabytki i Starówkę, a po południu zwiedzamy Zamek Królewski.
– A wieczorem? Co chcecie robić wieczorem?
– Po kolacji w hotelu możemy iść na koncert do filharmonii.
– No, a co w niedzielę?
– Jedziemy na wycieczkę do Wilanowa, żeby zobaczyć Pałac Wilanowski, a potem wracamy i zwiedzamy Łazienki. A na wieczór mamy bilety do Teatru Narodowego.
– Nieźle, nieźle. A jaki jest program na ostatni dzień?
– Czas wolny. Każdy robi to, na co ma ochotę. Ja chcę poszukać czegoś ciekawego w Cepelii.
– Powiedz mi jeszcze tylko, ile kosztuje ta przyjemność?
– 520 marek. Pojedziesz z nami?
– Nie wiem. Muszę się zastanowić. Jutro zadzwonię.

Program wycieczki do WARSZAWY

CENA:

Program wycieczki do Krakowa

12 maja Środa	– odlot z Frankfurtu – zwiedzanie miasta z przewodnikiem – Teatr Stary „Rzecz listopadowa"
13 maja Czwartek	– Zamek Królewski – Wawel – zwiedzanie katedry na Wawelu – koncert organowy w katedrze
14 maja Piątek	– czas wolny – powrót samolotem do Frankfurtu

CENA: 560 marek

Lekcja 8

J

Münster, dn.12.V... r.

Kochani,

Dziekujemy za list i dobra wiadomosc, ze przyjezdzacie nas odwiedzic. Bardzo sie z tego cieszymy. Juz teraz zastanawiamy sie, co by Wam pokazac w Münster i okolicy. Pierwszego dnia musicie, oczywiscie, odpoczac po podrozy. Ale w sobote pokazemy Wam troche miasta. Najpierw zwiedzimy katedre ze skarbcem w samym centrum miasta. Dalej zobaczymy stary ratusz, gdzie w 1648 roku podpisano "Pokoj Westfalski" po wojnie trzydziestoletniej. Pozniej przejdziemy sie przez Prinzipalmarkt (tak nazywa sie tu nasza paradna ulica), zeby zobaczyc piekne kamieniczki. Potem zobaczycie jeszcze Palac, gdzie teraz jest tutejszy uniwersytet. Taki program na jeden dzien chyba Wam starczy. Münster ma jeszcze wiele innych zabytkow, ale zostawimy je na pozniej. Poza tym musicie zobaczyc tez Promenade i jezioro Aasee, ktore jest w miescie. Jest tam tez niedaleko interesujace dla dzieci ZOO, a obok ciekawy skansen. Ale zwiedzimy nie tylko samo Münster. Westfalia slynna jest ze starych, czesciowo sredniowiecznych jeszcze zamkow obronnych z fosa. Zaraz w niedziele pojedziemy zobaczyc kilka. W poniedzialek i wtorek mozemy pochodzic po sklepach i zrobic jakies zakupy. A w srode jest dzien swiateczny, wiec wykorzystamy to, zeby pojechac na wycieczke do Kolonii. Tam tez mozna duzo zwiedzic. I tylko szkoda, ze przyjezdzacie na tak krotko. Postaramy sie, zeby nie stracic ani jednego dnia. Czekamy wiec na Was niecierpliwie.

Serdecznie pozdrawiamy i do zobaczenia w Münster

Ingrid i Hans

P.S. Mam straszne pismo, wiec chyba lepiej, ze pisze na maszynie. Brakuje co prawda kropek i kresek, bo to niemiecka maszyna do pisania, ale chyba dacie sobie rade.

zamek
pałac ✓
ratusz ✓
pomnik
most
park
fontanna
mury obronne
kościół ✓
urządzenia sportowe
skansen ✓
kamieniczki ✓
ogród botaniczny
ZOO ✓

Lekcja 9

A   Która godzina?

140

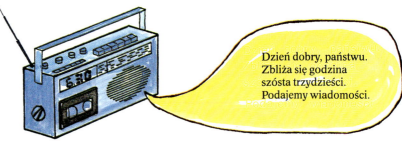

Dzień dobry, państwu. Zbliża się godzina szósta trzydzieści. Podajemy wiadomości.

01.00 pierwsza
02.00 druga
03.00 trzecia
04.00 czwarta
05.00 piąta
06.00 szósta
07.00 siódma
08.00 ósma
09.00 dziewiąta
10.00 dziesiąta
11.00 jedenasta
12.00 dwunasta

20.00 dwudziesta
21.00 dwudziesta pierwsza

 Jest godzina _____
Podajemy komunikat drogowy.

 Podajemy prognozę pogody.

 Podajemy program na jutro.

B   O której godzinie?

141–142

TELEWIZJA

06.00 Kawa czy herbata?
09.00 Wiadomości
09.10 Mama i ja (program dla najmłodszych)
09.25 Domowe przedszkole
10.05 Dynastia / 181 / (serial prod. USA)
11.00 Język francuski (repetycja l. 23)
11.30 Ratunek (fr. film dokumentalny – wersja oryginalna)
12.00 Wiadomości
12.35 Język angielski (28)
13.05 Covent Garden (film – wersja angielska)
14.45 Spotkania z cywilizacją
15.15 My w kosmosie – stacja orbitalna Skylab
16.15 Telekomputer
16.45 Muzyczna Jedynka
17.20 Klinika w Szwarcwaldzie (8)
18.05 Magazyn katolicki
18.40 Bill Cosby Show (serial prod. USA)
19.30 Wiadomości
19.55 7 minut dla ministra pracy
20.10 Kojak (serial kryminalny prod. USA)
21.15 Studio Sport
22.40 Wiadomości
22.50 Klub dobrej książki

O której jest „Panorama"?

O szesnastej trzydzieści.

16.30 – Panorama
– Język angielski w technice
– Przygody Guliwera (serial prod. USA)
– Komentarz sportowy (narciarstwo, boks i tenis)
– Moja wiara (progr. redakcji katolickiej)
– Panorama
– Pokolenia (ser. prod. USA)
– Piosenka kabaretowa – wczoraj i dziś
– Koło fortuny
– Studio Teatralne Dwójki
– Panorama
00.10 – Koniec programu

Lekcja 9

W informacji

– Może mi pani powiedzieć, o której godzinie odjeżdża pociąg do Katowic?
– O dziewiątej jedenaście.
– A kiedy jest na miejscu?
– O dwunastej trzy.
– Dziękuję pani.

ROZKŁAD JAZDY WARSZAWA CENTRALNA			
Odjazd	Numer pociągu	Przyjazd	Peron
9.11	523 Ex	ŁÓDŹ 9.37 – CZĘSTOCHOWA 10.59 – KATOWICE 12.03 – KRAKÓW 12.48 – ZAKOPANE 13.26	6
10.15	217	TORUŃ 12.24 – BYDGOSZCZ 13.33 – STAROGARD SZCZECIŃSKI 14.45 – SZCZECIN 15.56	2
16.18	541	OLSZTYN 18.05 – MALBORK 21.36 – GDAŃSK 22.48 – GDYNIA 23.03	9
19.51	698	KOŁO 22.08 – POZNAŃ 23.52 – WROCŁAW 2.34 – WAŁBRZYCH 5.17	7

– Informacja kolejowa. Słucham.
– Czy może mi pani powiedzieć, jakie jest najbliższe połączenie do Zakopanego?
– Chwileczkę, ... z przesiadką w Krakowie.
– A kiedy jest bezpośrednie połączenie?
– Dopiero jutro rano.
– W takim razie proszę mi podać godziny odjazdu tego pierwszego.
– Odjazd z Centralnego ekspresem ....; przyjazd do Krakowa .... i odjazd pośpiesznym .... O .... na miejscu.
– Dziękuję pani.

143–144

Lekcja 9

E W kasie

145–147

– Poproszę bilet do Gdańska.
– Na pociąg osobowy czy pośpieszny?
– Na pośpieszny. Czy ma pani jeszcze miejscówki na ten o 17.32?
– Chwileczkę.... tak. W której klasie?
– W pierwszej. I w przedziale dla niepalących, jeśli to możliwe.
– Proszę.

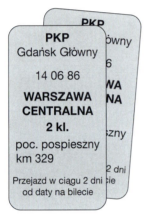

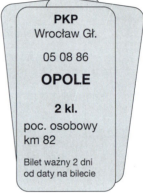

F Znacie tę historyjkę?

Jest późny wieczór, dworzec kolejki miejskiej. Na peronie stoi gotowy do odjazdu pociąg. W chwili, gdy konduktor już daje znak do odjazdu, wchodzi na peron trzech facetów. Widać
5 wyraźnie, że są zawiani; podtrzymują się wzajemnie, żeby nie upaść i podśpiewują sobie wesoło.
Gdy widzą, że kolejka rusza, przechodzą w galop. Dwóch wskakuje jeszcze do pociągu. Trzeci
10 nie daje rady. Zostaje na peronie i śmieje się do łez.
– Z czego pan się tak cieszy – pyta go jeden z przechodni na peronie. – Że uciekła panu kolejka?
15 – Bo,.. bo,.. bo oni mnie tylko chcieli odprowadzić na pociąg!

Lekcja 9

Pożegnanie

G

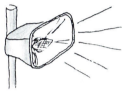

.... odjedzie z toru przy peronie siódmym.

H

148–150

ODJAZD	POCIĄG	TRASA PRZEJAZDU	PERON
12.45	osobowy przyśpieszony	WROCŁAW – POZNAŃ – GNIEZNO – MOGILNO – INOWROCŁAW – BYDGOSZCZ – GDYNIA	
12.53	osobowy	MOSINA – CZEMPIŃ – KOŚCIAN – LESZNO – RAWICZ	
12.59	osobowy	POZNAŃ – OPALENICA – NOWY TOMYŚL – ZBĄSZYNEK – GARLIN	
13.04	pośpieszny	AACHEN – BERLIN – POZNAŃ – KONIN – KUTNO – WARSZAWA WSCHODNIA	
13.11	osobowy	POZNAŃ – POBIEDZISKA – GNIEZNO – MOGILNO – INOWROCŁAW – TORUŃ	

Lekcja 9

I Która jest?

151

– Przepraszam, którą pan ma godzinę?
– Jest teraz dokładnie za dwie minuty trzecia.
– Dziękuję panu.

– Mój zegarek stoi. Którą masz godzinę?
– Dziesięć po jedenastej.

– Nie wiesz, która jest godzina?
– Gdzieś około wpół do szóstej.

za 10 .... a

10 po .... ej

5 po wpół do .... ej

za 5 wpół do .... ej

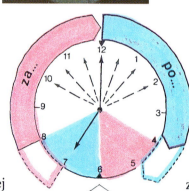

wpół do ...

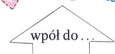

J

152

Musimy się pośpieszyć! Film zaczyna się o wpół do ósmej.

Jeszcze czas. Jest dopiero za dziesięć siódma.

Lekcja 9

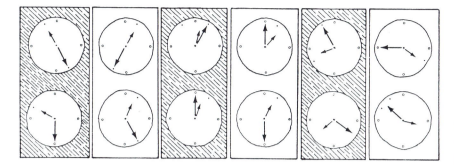

koncert zaczyna się
musimy wyjść
mamy być u Piotra
goście przyjdą
mamy autobus
pociąg odjeżdża

— A, jesteś nareszcie! Ty się zawsze musisz spóźniać. A ja czekam jak głupi i tylko się denerwuję.
— Przepraszam, ale tak jakoś wyszło. Tym razem to nie moja wina.
— Nie? A czyja? Może moja?
— Nie, to wszystko przez autobus...
— A tam, wymówka jak zwykle. Przecież też jeżdżę autobusem i się jakoś nie spóźniam.

Co?! Już .... Cholera! Zaspałem. Mam już tylko .... czasu. Zwykle wstaję .... Zawsze się śpieszę. Myję się tylko, golę i ubieram. Wychodzę do pracy .... Nie jem w domu śniadania, bo nie mam na to czasu. Jem w biurze .... Pracę zaczynam dopiero ...., ale dojazd trwa ....

A to co? Na moim zegarku ciągle jeszcze .... Nie chodzi. Pewnie stanął w nocy. Która to może być? Trzeba włączyć radio. Co .... podają dokładny czas.
— *Jest godzina* ....
.... Do diabła! Jest jeszcze wcześnie. Mogę jeszcze wrócić na .... do łóżka.

Lekcja 10

A

Dzień powszedni

Pani Dorota Wróblewska jest nauczycielką geografii, i pracuje w szkole podstawowej. Uczy w klasach od 5-ej do 8-ej. Lekcje trwają od ósmej do wpół do drugiej.

Potem wraca do domu. Po drodze musi załatwić jeszcze kilka spraw. Najpierw robi zakupy w sklepie spożywczym. Potem wstępuje do apteki, księgarni i na koniec na pocztę, żeby zrobić opłaty. Płaci za mieszkanie, gaz, światło i ratę za meble.

O czwartej po południu musi znowu być w szkole, bo jest konferencja. Z powodu zatłoczonych autobusów spóźnia się około 15 minut. Nauczyciele dyskutują już na temat nowego planu lekcji na przyszły rok.

Niecałe trzy godziny później jest już w domu. Ma dużo do roboty. Śpieszy się, żeby zdążyć posprzątać i przygotować coś do jedzenia, zanim przyjdą goście. Pomaga jej przy tym mąż.

Bo pan Wróblewski ma dzisiaj imieniny i o wpół do dziewiątej przyjdą goście. Razem spędzą miły wieczór. Jutro jest wolna sobota, więc mogą dłużej posiedzieć.

B

Dzień przedtem, w czwartek

SĄSIADKA	– Ma pani jutro rano czas? Może pójdziemy na rynek?		– Niestety, nie mogę. Mam od ósmej rano lekcje.
PAN WRÓBLEWSKI	– Masz jutro przed południem czas? Trzeba pójść do urzędu meldunkowego po formularze.		– ....
	– No a potem?		– ....
DZWONI ZNAJOMA	– Może wpadniesz do nas jutro po południu na kawę?		– ....
	– A po konferencji?		– ....
INNA KOLEŻANKA	– Mam na jutro wieczór bilety na występ Smolenia. Idziecie?		– ....

Lekcja 10

C

Toruń, dn. 16. XII. 19.. r.

Kochana Karin!

Dziękuję Ci za serdeczny list i paczkę z albumem o Münster. Książka jest naprawdę ciekawa. Münster to rzeczywiście ładne miasto. Teraz już wiemy nawet jak mieszkasz i gdzie pracujesz.

Pytasz, co u nas nowego. Raczej nic. Wszystko po staremu. Dzień w dzień to samo. Rano wstaję już o godzinie za piętnaście piąta (muszę przecież umyć się, ubrać, przygotować śniadanie, obudzić dzieci...). O szóstej jemy śniadanie. Potem odwożę Bożenkę autobusem do przedszkola i lecę do biura. Pracuję od siódmej do trzeciej. Olek jest już duży i chodzi sam do szkoły. Wychodzi z domu za dziesięć ósma, bo to niedaleko.
Po drodze z pracy do domu odbieram małą z przedszkola i robię zakupy. Dopiero po czwartej wracamy do domu. O wpół do piątej jemy obiad. Potem zmywam naczynia, sprzątam mieszkanie, piorę, itd. Zawsze jest coś do roboty. O wpół do ósmej jemy kolację, dzieci idą spać, a ja nareszcie mogę chwilę odpocząć. Czasami oglądam telewizję, ale często jestem tak zmęczona, że zaraz idę do łóżka, no bo rano znowu trzeba wcześnie wstać.
Chwała Bogu, że już niedługo mam urlop i

Lekcja 10
D

Moja praca? Codziennie o piątej rano jadę do piekarni po świeże pieczywo. To mi zajmuje około pół godziny. Po powrocie trzeba wnieść do sklepu skrzynki z mlekiem i ułożyć świeże gazety w regale z prasą. Od szóstej przychodzą już pierwsi klienci po chleb i mleko. O siódmej przychodzą moje dwie sprzedawczynie. Mogę więc wyjść i odwieźć moje dzieci do szkoły. Przed południem muszę też pojechać po nowy towar do hurtowni. Jadę kilka razy, bo do mojego Passata za mało wchodzi. Poza tym muszę też często załatwiać coś w urzędach. Nie zawsze zdążę zjeść obiad, bo między 14.00 a 17.00 jest największy ruch w sklepie i stoję wtedy za ladą. Dzieci odbiera ze szkoły babcia. Często wpadają tu do mnie po południu, bo mieszkamy w domu naprzeciwko. Sklep zamykam o siódmej. Sprzątam, robię kasę, porządkuję faktury, przygotowuję listę zakupów na następny dzień. Do domu wracam przeważnie po dziesiątej.
Czy lubię swoją pracę? Chyba tak. Jest co prawda męcząca, ale nie skarżę się. Inni muszą harować za grosze i bez nadziei, że będzie lepiej.

O mojej pracy? To raczej mało ciekawy temat. Pracuję w zakładzie meblowym na drugim końcu miasta. Zaczynam o siódmej rano i kończę o trzeciej. Jestem pracownikiem umysłowym w dziale księgowości. Prowadzę gospodarkę materiałową. Czy jestem zadowolony ze swojej pracy? Trudno powiedzieć. I tak i nie. Mało zarabiam, a w zakładzie jest teraz strasznie nerwowa atmosfera. Firma ma długi, bo nie może sprzedać produkcji. Redukują personel biurowy. Boję się, że zlikwidują zakład. Albo, że sprywatyzują i
wtedy stracę pracę na rzecz komputera. To byłaby prawdziwa katastrofa. Moja żona jest już od roku bezrobotna, więc wiem, że szanse na nową pracę dla osób w moim wieku są tyle co żadne. Dlatego muszę być zadowolony z tego, co mam.

W czasie semestru wstaję dość wcześnie, bo zajęcia zaczynają się przeważnie już o ósmej. Mam w tym semestrze trochę niekorzystny plan. Ćwiczenia i wykłady porozrzucane są prawie codziennie od 8.00 do 20.00. Przerwy między nimi spędzam w bibliotece na wydziale. Ma to swoją dobrą stronę, że mogę uporządkować swoje notatki, przygotować się na zajęcia, zaglądnąć do komentarzy prawniczych i przeglądnąć nowe publikacje. Będzie mniej roboty przed egzaminami pod koniec semestru. Szkoda tylko, że taki plan zajęć nie pozwala mi na podjęcie jakiejś pracy, aby dorobić sobie do stypendium. Potrzebuję przecież na wyjazd do Holandii w czasie wakacji. Może uda mi się załatwić sobie pracę w firmie, która maluje oznakowania uliczne na jezdniach w mieście. Oni pracują przede wszystkim nocą.

Lekcja 10

Wywiad

Hanna Borowska jest architektem i jednocześnie kierownikiem zespołu „Miastoprojekt". Jej zespół słynie z tego, że wygrywa wiele konkursów i otrzymuje nagrody za projekty architektoniczne.
Dziennikarz z radia przeprowadza z nią wywiad i pyta między innymi o życie prywatne.

E

158–165

	TAK	NIE
1. Pani Borowska jest mężatką	☐	☐
2. Jej mąż jest elektrykiem w „Mera-Elwro"	☐	☐
3. Mają dwoje dzieci – syna i córkę	☐	☐
4. Pani Borowska pracuje na cały etat	☐	☐
5. Syn chodzi już do przedszkola a córka do żłobka przy zakładzie	☐	☐
6. Pani Borowska jest zadowolona z tej opieki	☐	☐

Lekcja 11

A

Czym się interesujesz?

Interesuję się muzyką. Chętnie słucham w domu płyt, a czasami chodzę na koncerty. Próbuję też sam trochę grać na gitarze.

Bo ja wiem...? Dużo czytam. Interesuję się głównie literaturą piękną, ale nie tylko. Chętnie czytam też reportaże z innych krajów lub książki popularno-naukowe.

Sportem! To moja pasja. Interesuję się wszystkim, co sportu dotyczy. Oglądam wszystkie programy sportowe w telewizji. Sam też jestem aktywny. W lecie pływam i gram w piłkę nożną, a w zimie jeżdżę w góry na narty. A na codzień uprawiam jogging. To każdemu dobrze robi.

Czym ja się interesuję? Trudno powiedzieć. Niczym szczególnie. No może trochę wędkarstwem, ale nie jestem takim fanatykiem jak inni. Ot, chętnie chodzę na ryby. Tak dla przyjemności. Żeby odpocząć.

Moje hobby? Czy ja wiem...? W czasie wolnym od pracy lubię zajmować się czymś w ogrodzie lub iść gdzieś do lasu na spacer.

B

166–172

Interesujesz się	malarstw**em**? muzyk**ą**?	Nie za bardzo. Tak sobie. Nawet bardzo. No pewnie!	Wolę czytać książki lub słuchać muzyki. Chętnie słucham płyt lub idę na koncert.
Lubisz gotować?		Nienawidzę! Wolę... I to jak! Kocham! Chętnie...	
Umiesz grać w karty?		Umiem, ale teraz nie mogę, bo już muszę iść.	

Lekcja 11

_4:4_ fotografować, _____ zbierać znaczki, _3:6_ sport samochodowy, _____ gotować, _____ chodzić na spacery, _____ film, _____ wędkarstwo, _____ bawić się z dziećmi, _____ grać w pingponga, _____ numizmatyka, _____ majsterkować, _____ robić na drutach, _____ uczyć się języków, _____ polityka, _____ narciarstwo, _____ żeglarstwo, _____ podróżować, _____ śpiewać, _____ grać w siatkówkę, _____ pływać, _____ filmować, _____ wędrować po górach, _____ grać w tenisa, _____ jeździć na rowerze, _____ tańczyć, _____ jeździć konno, _____ polować, _____ malarstwo.

Lekcja 11

C

Ja w czasie wolnym od pracy uczę się języka polskiego. Raz w tygodniu chodzę na kurs w VHS-ie, a poza tym dużo uczę się sam w domu. Ostatnio próbuję już czytać krótkie opowiadania lub artykuły i całkiem nieźle mi to idzie. Mam tylko jeden problem: jak zapamiętać tyle słów?

Zgadza się?	
×	Gerd skarży się, że ma słabą pamięć.
	Ingrid zaleca mu robienie list z nowymi słówkami i częste ich powtarzanie.
	Gerd pisze z każdym nowym słowem zdania i uczy się ich na pamięć.
	Poza tym uważa, że przepisywanie tekstów z książki bardzo pomaga pamięci.
	Ingrid natomiast uważa, że jej najlepiej pomaga słuchanie kaset z nagranymi rozmówkami z podręcznika.
	Polskich wyrażeń z innych tekstów Ingrid uczy się przez tłumaczenie nagranych przez nią na kasetę zdań. Im częściej takie ćwiczenia powtarza, tym mniej czasu potrzebuje na przetłumaczenie.
	Gerd uważa, że przez tłumaczenie z języka polskiego na niemiecki można tylko sprawdzić zrozumienie polskich wyrażeń, ale nie nauczyć się ich na pamięć.
	Ingrid wydaje się też, że przez powtarzanie za kasetą uczy się mówić płynniej.
	Ona uważa też, że uczenie się za pomocą kaset kosztuje mniej czasu niż ćwiczenie przez przepisywanie tekstów.
	Gerd broni się, że jego metoda uczenia się przez uzupełnianie brakujących słów wcale nie jest taka zła. Im częściej wypełnia takie teksty z lukami, tym więcej słówek zapamiętuje.

Lekcja 11

D

Jak się starasz?

Rzadko   Często

Staram się regularnie chodzić na kurs, żeby nie mieć zaległości. | 1 | 2 | 3 | 4 | 5 |

174–175

Na zajęciach staram się być aktywna, a przede wszystkim próbuję dużo rozmawiać z innymi, bo tylko tu mam partnerów do konwersacji po polsku. | 1 | 2 | 3 | 4 | 5 |

W domu staram się odrabiać lekcje zaraz na drugi dzień, póki jeszcze dobrze pamiętam materiał z kursu. | 1 | 2 | 3 | 4 | 5 |

Każdego dnia staram się zarezerwować sobie co najmniej 15–30 minut na powtórkę starego materiału. Powtarzam go robiąc stare ćwiczenia. | 1 | 2 | 3 | 4 | 5 |

Jeśli czegoś nie rozumiem, zapisuję sobie to pytanie, aby na zajęciach zapytać nauczyciela. Moja zasada: „Kto pyta, nie błądzi". | 1 | 2 | 3 | 4 | 5 |

Aby ćwiczyć zrozumienie ze słuchu, staram się jak najczęściej słuchać polskiego radia lub płyt czy też kaset. | 1 | 2 | 3 | 4 | 5 |

Staram się rozszerzyć moje słownictwo czytając interesujące mnie teksty; czy to krótkie opowiadania literackie czy z prasy. Pomaga mi też w tym prowadzenie korespondencji. | 1 | 2 | 3 | 4 | 5 |

Czasem spotykam się z innymi z kursu, aby pograć z nimi w zabawy językowe poznane na kursie. To pomaga ćwiczyć konwersację, bo same zajęcia, raz w tygodniu, to mało. | 1 | 2 | 3 | 4 | 5 |

Staram się też ćwiczyć prowadząc w duchu „rozmowy" z polskimi znajomymi lub opowiadając sobie coś. | 1 | 2 | 3 | 4 | 5 |

Staram się też wykorzystać każdą nadarzającą się okazję mówienia po polsku, gdy spotkam gdzieś tu, w RFN-ie Polaków. | 1 | 2 | 3 | 4 | 5 |

do 15 punktów	między 16 a 32	powyżej 32
Jak sam widzisz, nie wykorzystujesz wielu możliwości. Korzystając ze wskazówek z tej listy możesz teraz zacząć uczyć się bardziej efektywnie. Zobaczysz, że to się naprawdę opłaca.	*Dobrze, że tak się angażujesz w twoje nowe hobby. Ucząc się dalej w ten sposób osiągniesz na pewno dobry rezultat. Możesz osiągnąć więcej korzystając z reszty wskazówek na liście.*	*Brawo !!! Można ci tylko pogratulować i życzyć wszystkiego najlepszego na dalszą naukę! Robiąc tak dalej sukces masz zapewniony. Inni mogą brać z ciebie przykład.*

Lekcja 12

A

Na wczasach

B

- Co zamierzasz robić po obiedzie?
- Chciałabym położyć się na godzinkę.
- A potem?
- Nie wiem jeszcze.
- No to może zagramy w karty?
- Niezły pomysł.

rano
po śniadaniu
po południu
po kolacji
wieczorem
.....

iść na ryby
popływać żaglówką
pójść na lody
    na dyskotekę
opalać się
pobiec na ścieżkę
    zdrowia

Lekcja 12

Co robią......?

nad jeziorem
Chłopak w żółtej koszuli płynie łódką. Nurek pokazuje rybę. Wędkarz......

> pływać łódką / nurkować / łowić ryby / kąpać się / ratować / wymyślać / krzyczeć / budować zamki z piasku / opalać się / malować pejzaż / ....
> ....
> ....

na placu zabaw
Mężczyzna w krótkich spodniach huśta małą dziewczynkę. Kobieta na ławce......

> huśtać się / kręcić się na karuzeli / flirtować / płakać / krzyczeć na kogoś /
> ....
> ....

przed domem

> robić zdjęcie / pozować / pakować bagaże / stać po lody / kupować coś / wrzucać list do skrzynki / ....
> ....
> ....

w domu

> grać w karty / zabawiać się / brać prysznic / złościć się / robić opatrunek / meldować się / ....
> ....
> ....

pod lasem

> biegnąć / jechać na rowerze / trenować / zbierać grzyby / ....
> ....

— Pójdziesz jutro z nami na grzyby?
— Z wami to znaczy z kim?
— Ze mną i z Piotrem.
— Z tobą chętnie, ale z Piotrem? Przecież wiesz, że z nim nie rozmawiam. Musi mnie najpierw przeprosić.

Lekcja 12
C

179–181

Ja zawsze spędzam urlop za granicą. Jeździmy z mężem w lecie. Zależy mi na tym, żeby odpocząć gdzieś nad morzem, na plaży, na słońcu. Dlatego jeździmy za granicę, że na klimacie tu w Niemczech nie można polegać. A we Włoszech, Grecji, Hiszpanii mamy pogodę zagwarantowaną.

Kocham naturę i tam najchętniej spędzam urlopy. Lubię wędrować po górach, lasach, zbierać zioła i fotografować. Nie interesują mnie za bardzo odległe egzotyczne kraje. Wolę spędzać urlop tu, w Niemczech, w Austrii czy w Szwajcarii.

Najchętniej spędzam urlop w drodze. Siadam do samochodu, biorę mapy, przewodniki i ruszam. Gdzie mi się podoba, zatrzymuję się w jakimś tanim hotelu tak długo, jak mam na to ochotę, a potem ruszam dalej w drogę. Nienawidzę planowanych urlopów. Najważniejszy jest luz.

Chcę zobaczyć świat, zwiedzać dalekie kraje, poznawać dawne kultury. Podróżuję najczęściej samolotem i mieszkam w hotelu, bo przecież to ma być urlop i muszę odpocząć po roku pracy. Oszczędzam cały rok na taki luksus, ale uważam, że to się opłaca.

Urlop to czas dla rodziny. Wyjeżdżamy zawsze razem. Mamy wygodną przyczepę kampingową. Nie lubię urlopu w hotelu. Wolę zmianę otoczenia; dziś tu, jutro tam. Z przyczepą jestem niezależny i co ważniejsze bliżej natury. Jest to najlepsza forma urlopu dla rodziny z dziećmi.

Nie ma to jak wakacje na rowerze, z namiotem i z paczką zgranych ludzi. Zawsze jeżdżę na urlop z kolegami. Zabieramy prowiant, mapy, przewodniki i w drogę. Pół Europy już w ten sposób zwiedziłem.

Lekcja 12

Lato, lato

Muzyka: W. Krzemieński
Słowa: L. J. Kern

Lato, lato, lato czeka
Razem z latem czeka rzeka
Razem z rzeką czeka las
A tam ciągle nie ma nas.

Już za parę dni, za dni parę,
Weźmiesz plecak swój i gitarę,
Pożegnania kilka słów
Pitagoras bądźcie zdrów!
Do widzenia wam, canto-cantare.

Lato, lato nie płacz czasem.
Czekaj z rzeką, czekaj z lasem.
W lesie schowaj dla nas chłodny cień.
Przyjedziemy lada dzień.

Lato, lato mieszka w drzewach.
Lato, lato w ptakach śpiewa
Słońcu każe odkryć swoją twarz.
Lato, lato, jak się masz.

Lekcja 12

E **Gdzie byłeś?**

182–183

— Byłeś już kiedyś w Hiszpanii?
— Byłem.
— A we Włoszech?
— Też byłem.
— Pewnie już znasz wszystkie kraje na Zachodzie?
— Nie całkiem. Nie byłem jeszcze w Szwecji.
— Takiemu to dobrze. Ja to byłam raz w RFN-ie i to wszystko.

byłem ↔ byłam
byłeś ↔ byłaś
był ↔ była

Lekcja 12

Jak było?

— Ale jesteś opalona!!
No i jak było na urlopie?
— Tak sobie. Hotel był nie za bardzo, a jedzenie fatalne.
— A jaka była pogoda?
— Cały czas słońce. Ani razu nie było deszczu. Upał nie do zniesienia.
— Przesadzasz....
— Nie. Następnym razem pojadę chyba gdzieś na północ Europy. Może do Norwegii....

F

Pogoda na jutro.
Przewiduje się zachmurzenie małe lub umiarkowane z możliwością przelotnych opadów. Wiatry słabe z północnego zachodu. Temperatury w dzień od __ stopni na południu do __ na północy kraju. W nocy od __ do __ stopni.

G

184

— Była już prognoza pogody?
— Tak, a co?
— Może pojedziemy na plażę?
— Chyba nie. Pogoda ma być zmienna.
Rano mgła, potem trochę słońca, a po południu ma nawet padać.

Lekcja 13

A Co robiłaś?

185–187

– Oglądałaś wczoraj w telewizji ten reportaż o RFN-ie?
– Nie. O której był?
– O wpół do szóstej. Nie było cię w domu?
– Byłam. Czytałam książkę. Szkoda, że nie wiedziałam. Włączyłam dopiero na dziennik.

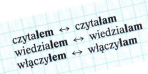

czytał**em** ↔ czytał**am**
wiedział**em** ↔ wiedział**am**
włączył**em** ↔ włączył**am**

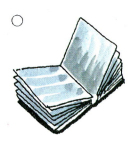

Lekcja 13
B

No a wy?

– Graliśmy w piłkę nożną.
– Gdzie graliście?
– Na podwórku.

– Po pracy byłyśmy u fryzjera, żeby zrobić sobie trwałą.
– U którego byłyście?
– Na Mickiewicza.

– Pracowaliśmy do późna w biurze.
– O której wróciliście?
– W domu byliśmy dopiero po ósmej.

– Poszłyśmy do kawiarni na ciastka, bo Ula miała urodziny.
– Długo tam byłyście?
– Nie, jakieś półtora godziny.

– Najpierw odrabialiśmy lekcje.
– A co robiliście potem?
– Oglądaliśmy „Dobranockę".

– Bawiłyśmy się w sklep.
– Bawiłyście się na dworze?
– Nie, bo padało.

A państwo? Co robili państwo?
Proszę przeprowadzić wywiad ze swoją sąsiadką lub sąsiadem i opowiedzieć potem w grupie, czego się państwo dowiedzieliście.

Lekcja 13

C Przeprowadzka

192–198

mieszkaliście

chodziliśmy

pomagali

zrobiłem

odpisywałem ✓

znaleźliśmy

byliście

mieliśmy

robiłem

wysłaliśmy

dostaliśmy

podobało

wziąłem

podobały

pożyczyłem

Kalisz, dn. 4.IX. ..

Kochani!

Przepraszam, że tak długo nie odpisywałem, ale naprawdę nie było kiedy. Jak wiecie _____ nareszcie klucze do własnego mieszkania. W związku z tym _____ mnóstwo roboty. Dzieci _____ na ten czas do babci. _____ dwa tygodnie urlopu, żeby zająć się przeprowadzką. Oczywiście nie _____ tego sam. _____ nam sąsiedzi no i Waldek (młodszy brat Zosi). Jego fiacikiem woziliśmy wszystkie mniejsze rzeczy. A żeby przewieźć meble _____ na jeden dzień ciężarówkę z zakładu. W nowym mieszkaniu jesteśmy już od przeszło dwóch miesięcy, ale do dzisiaj urządzamy się jeszcze. Mamy teraz trzy pokoje, więc brakuje nam oczywiście sporo rzeczy. _____ po sklepach meblowych, żeby kupić jakieś regały do pokoju i szafki do dziecinnego, ale nic z tego. Nie _____ nic ciekawego. Ładne meble były nam za drogie, a tanie nie pasowały do naszych pokojów. _____ więc z pomocą Waldka (to naprawdę złota rączka!) prowizoryczny regał do pokoju i całkiem niezłe meberki dla Hani i Wojtka. Bardzo im się _____. Żyjemy więc teraz luksusowo (jak na nasze warunki). Może przyjedziecie do nas w tym roku, żeby zobaczyć. Serdecznie zapraszamy!!! Mamy teraz tyle miejsca.

A co u Was słychać? Dziękujemy za kartkę z Florencji. Jak Wam się _____ we Włoszech? _____ tam z Waszą przyczepą kampingową czy _____ w hotelu? Czekamy z niecierpliwością na wiadomości od Was. Piszcie, piszcie, piszcie! Cieszymy się z każdego listu.

Serdeczne pozdrowienia ślą
Stefan, Zosia, Hania i Wojtek Kamińscy

	Zgadza się	Nie zgadza się
1. Stefan dostał dwupokojowe mieszkanie	☐	☐
2. Wprowadzili się tam przeszło dwa miesiące temu	☐	☐
3. Wszystkie rzeczy przetransportowali maluchem Waldka	☐	☐
4. Stefan sam urządził mieszkanie, bo nie mógł kupić mebli	☐	☐
5. Kamińscy są bardzo zadowoleni ze swojego mieszkania	☐	☐
6. Zapraszają na przyszły rok	☐	☐

Lekcja 13

Na posterunku policji

— Skradziono nam z samochodu torebkę z dokumentami, aparat fotograficzny i skórzaną kurtkę.
— Kiedy to się stało?
— Dziś po południu. O dwunastej zostawiliśmy auto na parkingu za teatrem i poszliśmy na zakupy. Gdy wróciliśmy, rzeczy już nie było.
— Jak złodziej mógł dostać się do samochodu? Wybił szybę?
— Nie, samochód jest w porządku. Nie mam pojęcia, jak on mógł wejść.
— Może zapomnieli państwo zamknąć drzwi na klucz?
— Nie, na pewno nie! Jak odchodziliśmy, to sprawdzałem.
— A parkingowy niczego podejrzanego nie zauważył?
— Owszem. Widział złodzieja, jak wysiadał właśnie z naszego samochodu, ale myślał, że to właściciel. To był parkingowy z popołudniowej zmiany, więc nas nie znał.
— Jak wyglądał ten mężczyzna?
— Parkingowy mówi, że wyglądał na zagranicznego turystę. Wysoki, szczupły brunet; gdzieś koło czterdziestki. Ma wąsy i brodę. Nosi okulary.
— A jak był ubrany?
— Parkingowy nie pamięta dokładnie, ale chyba miał na sobie skórzaną kurtkę i czarne spodnie. Mówił jeszcze, że ten facet miał ze sobą niedużą torbę podróżną.
— Trzeba to wszystko zanotować. Proszę wypełnić ten formularz i dokładnie opisać, co zginęło.

D

199–200

wzrost	figura	twarz	wiek	włosy
wysoki	tęgi	okrągła	młody	gęste
średniego wzrostu	przy sobie	przeciętna	koło trzydziestki	krótkie – długie
mały	szczupły	brzydka	w średnim wieku	gładkie – kręcone
	przystojny		starszy	rude – siwe
	zgrabna			blondyn – brunet
				wąsy – broda
				łysy

Która jest która?

Proszę ponumerować licząc od lewej.

Ela ◯

Hania ◯

Danusia ◯

Ania ◯

E

Lekcja 13

F Kim oni byli? Kiedy żyli? Co robili?

201

Mieszko I był pierwszym historycznym przedstawicielem dynastii Piastów, która wydała 11 królów polskich. Był on twórcą państwa polskiego. W 965 roku wszedł w układ z Czechami i ożenił się z księżniczką czeską Dobrawą. W 966 roku przyjął chrzest z rąk czeskich, co zapoczątkowało budowę organizacji kościelnej w Polsce.
W czasie swego panowania rozszerzył granice państwa. Dla umocnienia tych zdobyczy Mieszko oddał się pod protekcję papieską w dokumencie „Dagome judex", gdzie opisał też obszar swego państwa. Umarł w 992 roku.

❖❖❖

Bolesław Chrobry był synem Mieszka I i księżniczki Dobrawy. Władzę po ojcu objął w 992 roku. Był twórcą potęgi państwa polskiego. W 1000 roku gościł w Gnieźnie cesarza niemieckiego Ottona III, od którego uzyskał potwierdzenie niezależności Polski.
W 1025 roku koronował się na króla polskiego. Umarł w tym samym roku.

❖❖❖

Tadeusz Kościuszko jest uważany za jednego z polskich bohaterów narodowych. Jako generał walczył najpierw o niepodległość Stanów Zjednoczonych (1775–83), gdzie odznaczył się przy oblężeniu Saratogi w 1777r. Po powrocie do Europy przygotowywał powstanie narodowe w Polsce, które nazywamy dzisiaj Powstaniem Kościuszkowskim z 1794 roku. Mimo, że próbował na wzór amerykański oprzeć powstanie na wysiłku całego narodu i uzyskał częściowe poparcie mas chłopskich, poniósł klęskę.
W Polsce tradycje demokratyczne związane z Kościuszką i legenda o nim są do dzisiaj bardzo silne.

Lekcja 13

Wycieczka w historię Polski

Stanisław Wyspiański żył w latach 1869–1907. Był wszechstronnie uzdolnionym artystą. Do historii przeszedł jako znakomity dramatopisarz (najbardziej znana sztuka: „Wesele"), reformator teatru, poeta, malarz, plastyk. Był on jednym z twórców programu i praktyki tzw. sztuki stosowanej w Polsce oraz reformatorem grafiki książkowej. Poza okresem studiów w Paryżu spędził całe życie w Krakowie, o czym świadczą niezliczone jego dzieła, które można tam do dziś podziwiać.

Maria Skłodowska-Curie urodziła się w 1867 roku w Warszawie. Po studiach w Paryżu prowadziła z mężem Piotrem Curie badania naukowe w dziedzinie fizyki i chemii, które doprowadziły do odkrycia dwóch nowych pierwiastków promieniotwórczych (polon i rad). Była autorką pionierskich prac z fizyki i chemii jądrowej. Za swoje osiągnięcia otrzymała w 1903 i 1911 roku nagrodę Nobla. Przez wiele lat kierowała katedrą promieniotwórczości na Sorbonie. Zorganizowała Instytut Radowy w Paryżu i później w Warszawie.
Umarła w roku 1934 w Valence we Francji.

Ignacy Paderewski żył w latach 1860–1941. Był znanym pianistą i kompozytorem, ale do historii przeszedł jako polityk. Studia ukończył we Wiedniu. Potem koncertował wiele lat na całym świecie. Wystąpił w filmie „Sonata księżycowa". Długi czas żył w Szwajcarii i USA. Jednocześnie działał na rzecz niepodległości Polski będącej od ponad 100 lat pod zaborami. W 1918 roku powrócił do wyzwolonego kraju. Jako premier Rzeczpospolitej Polskiej i jej minister spraw zagranicznych podpisał w 1919 roku wersalski traktat pokojowy. Później reprezentował kraj jako delegat Polski przy Lidze Narodów.

Lekcja 14

A Wypadek samochodowy

Lekcja 14

B

W momencie, gdy zdarzył się wypadek:

turysta z aparatem	dzwonił z budki telefonicznej.
pan z gazetą	stała na chodniku koło pasów.
uczniowie	wychodził z poczty.
dwie blondynki	wybiegali ze szkoły.
mężczyzna z walizką w ręku	szedł w drugą stronę.
kobieta w zielonym płaszczu	stali koło budki telefonicznej.
starszy pan z psem	stał odwrócony tyłem do skrzyżowania.
chłopiec na rowerze	szedł w kierunku skrzyżowania.
młody mężczyzna z wąsem	podjeżdżał właśnie do skrzyżowania.
brunet w marynarce w kratę	czekał na taksówkę na postoju.
łysawy mężczyzna z kolegą	stały koło budki telefonicznej.
pan w kapeluszu	siedział na ławce koło szkoły.

C

202–203

Jak doszło do wypadku?

– Widział pan, jak to się stało?
– Nie. Kupowałem właśnie papierosy w kiosku. Obejrzałem się po zderzeniu.
– A pani?
– Chciałam właśnie przejść przez ulicę, gdy ten Fiat podjechał do skrzyżowania. Myślał pewnie, że zdąży skręcić w prawo przed Mercedesem. Nie przewidział, że ci chłopcy wybiegną na ulicę na czerwonym świetle. Musiał zahamować na zakręcie no i Mercedes najechał na niego.
– Chłopcy? Jacy chłopcy?
– Uczniowie z tej szkoły pewnie. Biegli do autobusu, który właśnie podjechał na przystanek.

D

A co oni mogą powiedzieć na temat wypadku?

Lekcja 14

E

Co pani robiła po wypadku?

Udzielałam pierwszej pomocy.

udzielać pierwszej pomocy
dzwonić po pogotowie ratunkowe
kierować ruchem
wezwać policję
zapisywać sobie adresy świadków

F

Za co mandat?

1. Samochód stoi częściowo na chodniku.
2. Samochód jest zaparkowany za blisko skrzyżowania.
3. Samochód stoi wzdłuż ciągłej linii.
4. Samochód stoi po złej stronie ulicy.
5. Rowerzysta jedzie w niedozwolonym kierunku.
6. Rowerzysta jedzie środkiem ulicy.
7. Rowerzysta jedzie ulicą z zakazem ruchu wszelkich pojazdów.

G

Kto był świadkiem?

W dniu 14. 05. 1985 r., około godz 12.30, w Gdańsku na skrzyżowaniu ulic Kartuska — Łostowicka zaistniał wypadek drogowy, w którym nieznany kierowca jadąc ulicą Kartuską w kierunku Gd.-Śródmieścia potrącił przechodzącego w miejscu wyznaczonym 21-letniego mężczyznę i nie udzielając pomocy odjechał z miejsca wypadku.

Świadkowie wypadku proszeni są o zgłoszenie się do Wydziału Ruchu Drogowego MUSW w Gdańsku, ul. Kurkowa 8, pokój nr 7, w godz. 8 — 15 lub telefonicznie 370-272 lub 370-601.

1. Kiedy doszło do wypadku?
2. Gdzie zdarzył się ten wypadek?
3. Którędy jechał kierowca samochodu?
4. Kogo potrącił?
5. Co zrobił po wypadku?
6. Gdzie i kiedy mogą meldować się świadkowie tego wypadku?

Lekcja 14

H

— Ale się pan urządził! Jak to się stało?
— Ach! Miałem wypadek. A jutro muszę wracać do RFN-u. Chłodnica jest uszkodzona. Dostanę nową?
— Części do Forda nie mamy, ale zobaczymy, co się da zrobić.

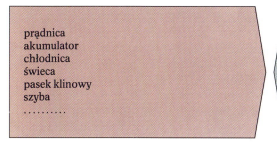

prądnica
akumulator
chłodnica
świeca
pasek klinowy
szyba
....

zepsuty
uszkodzony
złamany
wgnieciony
stłuczona
....

Lekcja 15

A Co za okaz zdrowia!

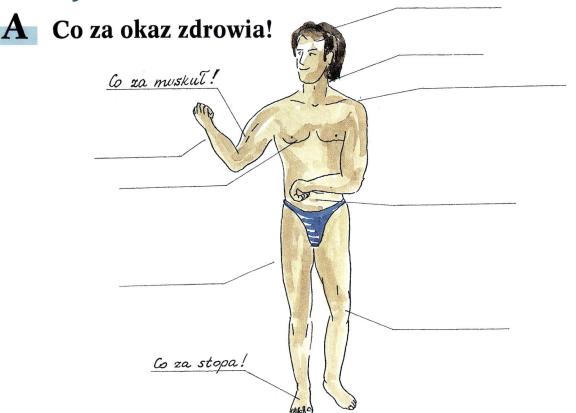

Co za muskuł!

Co za stopa!

B

KTO CHCE UTRZYMAĆ SIĘ W FORMIE POWINIEN:

Po pierwsze — rozsądnie się odżywiać tzn. unikać monotonii, jeść mniej a częściej, bo nie jest zdrowo jeść na zapas (więcej niż organizm właśnie potrzebuje). Powinien też zrezygnować z konsumpcji dużych ilości kawy, herbaty, cukru na korzyść, mleka, soków, owoców i warzyw.

Po drugie — przebywać dużo na świeżym powietrzu – zrezygnować, na ile się da, z dojazdu samochodem i iść pieszo lub jechać rowerem i to niezależnie od pogody.
Rzucić palenie!

Po trzecie — starać się być dużo w ruchu. Dobrze jest regularnie uprawiać trochę sportu. Najprościej jest uprawiać jogging, ale zaleca się też chodzić często na pływalnię lub dużo jeździć na rowerze.

Po czwarte — dbać o wystarczającą ilość snu. Organizm dorosłego człowieka potrzebuje 7–8 godzin snu na dobę. Kto mniej śpi zużywa się szybciej!

Lekcja 15

U lekarza

– Co panu dolega?
– Proszę?
– Pytam się, co panu dolega.
– Pan się mnie pyta, co mi dolega?
– No tak.
– Przecież nie wiem!
– Co...? Pan nie wie, co panu jest?!
– To pan jest lekarzem, nie ja. Skąd mam wiedzieć?
– No, ale gdzie pana boli?
– Bo ja wiem... tu, w środku. A może nie tu, tylko tu...?
– Dobrze. Zaraz zbadamy. Proszę się rozebrać do pasa i położyć!

W poczekalni

Lekcja 15

– Co pani dolega?
– Chyba jestem chora na anginę. A może na grypę?
– No, ale co pani jest?
– Boli mnie gardło i głowa. Mam też gorączkę.
– Ile?
– Wczoraj wieczorem miałam 38,3 kreski, a dziś rano 37,9.
– Proszę się rozebrać. Muszę panią zbadać. Proszę głęboko oddychać.
– Czy to coś poważnego?
– Chyba nie. Zobaczę jeszcze gardło. Proszę otworzyć usta i powiedzieć „A".
– Aaa.
– No tak. To tylko przeziębienie. Przepiszę pani lekarstwo. Tabletki zażywać 3 razy na dzień po jedzeniu, a syrop pić często.
– Czy mam leżeć?
– To niekonieczne.

Źle się czuję.
Boli mnie głowa.
　　　　　brzuch.
　　　　　żołądek.
　　　　　serce.

Mam mdłości.
Wymiotowałam.
Jest mi słabo.
Już raz zemdlałam.
Bardzo się pocę.
Chyba mam kaca.

– Halo, słucham!
– To ja, kochanie. Jak się czujesz?
– Strasznie! Pogorszyło mi się.
– Byłaś dzisiaj u lekarza?
– Byłam.
– No i co ci jest?
– Angina. Mam wysoką gorączkę, boli mnie głowa, no i oczywiście gardło. Mówię ci, jestem wykończona.
– Biedna Grażynka. Tak mi ciebie żal.
– Lekarz przepisał mi masę lekarstw i kazał nie ruszać się z łóżka co najmniej przez tydzień.

Lekcja 15

Ojciec nie może patrzeć na krew

- Poczekaj, trzeba zabandażować ten palec!
- Co się stało???
- O czym on teraz myśli??!
- Ojej! Krew leci. Kręci mi się w głowie...
- Ja ci dam!!! Poczekaj ty, nicponiu!
- Tato, popatrz! Skaleczyłem się w palec.
- Tato, zobacz! Oparzyłem się w rękę.
- Może to mu pomoże?
- Nooo, ... bo powiem mamie!
- Chyba boli mnie głowa...
- Tato! Co jest?!

Lekcja 15

Co za pechowy dzień!

Pan Warski miał dziś rano wysoką temperaturę. Bolał go też żołądek. Po śniadaniu wymiotował, więc musiał iść do lekarza. Pani Warska robiła dla dzieci śniadanie, a ponieważ była zdenerwowana, śpieszyła się i najpierw oparzyła się w rękę, a potem skaleczyła się w palec. Ponieważ jest wrażliwa i nie może patrzeć na krew, zemdlała. Upadła przy tym na ziemię i zwichnęła sobie ramię.

Pan Warski nie spał w nocy, bo miał gorączkę. Gdy przy śniadaniu zemdlał, żona przestraszyła się i zadzwoniła po pogotowie ratunkowe. Zanim przyjechał lekarz, pani Warska robiąc herbatę dla dzieci oparzyła się w rękę, a jej córka skaleczyła się w palec i zemdlała, bo jest wrażliwa i nie może patrzeć na krew. Matka chciała ją chwycić, żeby nie upadła na ziemię, ale zrobiła to tak niezręcznie, że zwichnęła sobie przy tym rękę. Gdy przyjechał lekarz, miał już trzech pacjentów.

Pani Warska zadzwoniła do pogotowia ratunkowego, bo jej mąż miał gorączkę i bóle żołądka. Gdy potem robiła śniadanie dla dzieci, skaleczyła się w palec. Gdy zobaczyła to jej córka, która nie może patrzeć na krew, to zemdlała. Pani Warska nie zdążyła jej chwycić i córka upadła na ziemię. Złamała sobie przy tym rękę. Gdy przyjechał lekarz miał już trzech pacjentów.

Pani Warska zadzwoniła po lekarza, bo jej mąż źle się czuł i bolał go brzuch. Ona sama skaleczyła się ze zdenerwowania w palec, a potem oparzyła herbatą. Jej córka jest bardzo wrażliwa i zemdlała, gdy zobaczyła, że leci krew. Matka chciała ją chwycić, żeby ta nie upadła na ziemię, ale zrobiła to tak niezręcznie, że zwichnęła sobie przy tym rękę.

Zanim przyjechał lekarz do pana Warskiego, który miał temperaturę i wymiotował, pani Warska oparzyła się przygotowując śniadanie dla dzieci w rękę, potem skaleczyła się w palec, a na koniec zwichnęła sobie rękę, gdy próbowała chwycić córkę, żeby ta nie upadła na ziemię.

Pan Warski obudził się z gorączką. Bolał go też brzuch, a przy śniadaniu wymiotował. Zanim pani Warska poszła po lekarza, ze zdenerwowania oparzyła się w ramię i skaleczyła w palec przygotowując dla dzieci śniadanie. A gdy jej córka zobaczyła krew i zemdlała, pani Warska próbując ją chwycić, zwichnęła sobie rękę. Gdy przyjechał lekarz, miał już trzech pacjentów.

Co by było, gdyby...

Gdyby pan Warski nie zatruł się poprzedniego dnia, to nie obudziłby się dziś z wysoką gorączką i bólami żołądka.
Gdyby po śniadaniu nie wymiotował, pani Warska nie dzwoniłaby do pogotowia ratunkowego.
Gdyby robiąc śniadanie dla dzieci, tak się nie śpieszyła, ...
Gdyby ....

Lekcja 15

J

Nie złamałbym nogi,　　　　　　gdybym lepiej dbał o zęby.

Nie przeziębiłaby się,　　　　　gdybyś nie opalała się zbyt intensywnie.

Nie musiałbym iść do dentysty,　gdyby nie chodził boso.

Nie schodziłaby ci skóra,　　　　gdyby tyle wczoraj nie wypili.

Nie skaleczyłby się w stopę,　　gdyby się ciepło ubierała.

Nie mieliby kaca,　　　　　　　gdybyś uprawiała jakiś sport.

Nie miałabyś nadwagi,　　　　　gdybym powoli schodził po schodach.

K

Chory Kotek

Stanisław Jachowicz

Pan kotek był chory i leżał w łóżeczku.
I przyszedł kot doktor:
　„Jak się masz, koteczku?"
„Źle bardzo" i łapkę wyciągnął do niego.
5　Wziął za puls pan doktor poważnie chorego
I dziwy mu prawi:
　„Zanadto się jadło,
Co gorsza, nie myszki, lecz szynki i sadło;
Źle bardzo... gorączka! Źle bardzo, koteczku!
10　Oj! długo ty, długo poleżysz w łóżeczku
I nic jeść nie będziesz, kleiczek i basta.
Broń Boże kiełbaski, słoninki lub ciasta."
– „A myszki nie można? – zapyta koteczek –
Lub z ptaszka małego choć parę udeczek"
15 – „Broń Boże! pijawki i dieta ścisła!
Od tego pomyślność w leczeniu zawisła".

I leżał koteczek; kiełbaski i kiszki
Nietknięte; z daleka pachniały mu myszki.
Patrzcie jak złe łakomstwo! Kotek przebrał miarę,
20　Musiał więc nieboraczek srogą ponieść karę.
Tak się i z wami, dziateczki, stać może;
Od łakomstwa strzeż was Boże!

rys. Jan Marcin Szancer

Lekcja 16

A Przepraszam

– Dobry wieczór. Przepraszamy bardzo, że przychodzimy tak późno, ale mieliśmy po drodze mały wypadek.
– Nic nie szkodzi. Nie ma o czym mówić. Najważniejsze, że jesteście.

PRZEPRASZAM, ŻE ......

jesteśmy tak późno
przychodzimy dopiero teraz
się spóźniliśmy

nie mogłam przyjść
mnie nie było
że nie przyszłam
       przyszedłem
nie zadzwoniłam
nie dałam znać

....
......

ALE ....

nie jechał autobus.
musiałem dzisiaj dłużej pracować.
zegarek mi stanął.
pociąg się spóźnił.
miałam nieoczekiwanych gości.
dziecko zachorowało.
źle się czułem.
byłem chory.
zapomniałem (na śmierć).
nie mogłam się dodzwonić.

....
......

Nie ma za co (przepraszać).
(Nic) nie szkodzi.
Nie ma o czym mówić.

Trudno (się mówi).
Cóż, teraz już nic na to nie poradzi.

Lekcja 16
B

Czytelnicy piszą redakcja odpowiada

Szanowna Redakcjo!

Co mam robić? Cały świat jest na mnie obrażony. Byłem na oblewaniu nowego mieszkania kolegi z pracy. Poszedłem tam z żoną. Otworzyła nam drzwi jakaś blondynka, więc myślałem, że to żona kolegi. Przywitałem się z nią serdecznie i poprosiłem ją, żeby pokazała mi, jak urządzili mieszkanie. Pokazała, ale okazało się, że nie jest żoną kolegi, tylko jego kuzynką. Gdy wróciłem do sąsiedniego pokoju, żona zrobiła mi scenę, że za babami latam, bo już się dowiedziała, że to nie żona kolegi. Wycofałem się do kuchni, gdzie był przygotowany zimny bufet. Zjadłem trochę sałatki i wypiłem sobie kielicha na lepszy humor. Pomogło, ale nie na długo. Wchodząc do pokoju potrąciłem drzwiami jakąś kobietę, która stała tam z talerzem sałatki w ręku. Gdy pomagałem jej zebrać skorupy z podłogi, pocieszałem ją, że niewiele straciła, bo sałatka i tak jest do niczego. Popatrzyła na mnie dziwnie i poszła bez słowa. Jak się okazało, trafiłem tym razem na żonę kolegi. Strasznie się zdenerwowałem, więc żeby się trochę uspokoić, wypiłem sobie jeszcze jednego, a potem jeszcze jednego... Co było dalej nie pamiętam. Przerwa w życiorysie do chwili, jak szedłem do domu. Żona pojechała samochodem, a mnie kazała iść pieszo, żebym wytrzeźwiał po drodze. Żona nie rozmawia ze mną od tej pory. Od innych dowiedziałem się, że tamtego wieczoru byłem podobno w dobrym humorze, głośno śpiewałem, chciałem tańczyć z ojcem mojego kolegi, próbowałem pocałować żonę dyrektora, a gdy ta się odwróciła, żeby odejść, nadepnąłem niechcący na jej długą sukienkę tak, że z niej wyszła. Po tym skandalu uciekłem do kuchni. Tam próbowałem znowu przeprosić żonę kolegi i opowiedziałem jej, jak byliśmy z nim w ostatnią sobotę na rybach i wpadłem tam do wody. Skutek jest taki, że kolega gniewa się na mnie, bo mu żona zrobiła awanturę, że był na rybach, a nie w pracy, jak jej powiedział. I teraz są wszyscy przeciwko mnie. Co mam robić?

Zmartwiony

Co poradzić autorowi tego listu?   Jak powinien się teraz zachować?

Lekcja 16

 Co za facet!

— Wiesz, że Ula chodzi teraz ze Staszkiem Rosickim?
— Wiem od Zosi, a co?
— Nie rozumiem, co ona w nim widzi. Taka ofiara.
— Coś ty! To inteligentny i wykształcony człowiek. Zosia zna go z pracy i mówiła mi, że jest bardzo koleżeński i można na nim polegać.
— Możliwe, ale moim zdaniem to facet zupełnie bez fantazji i bez poczucia humoru. Zawsze taki rozsądny i opanowany. Gra mi na nerwach. Żeby chociaż był przystojny.
— Też masz wymagania! Wolałabyś, żeby był bezczelny czy nerwus?
— Nie bądź złośliwa. Nie o to chodzi. Pamiętasz Jurka? To był chłopak w sam raz dla niej. Energiczny, z polotem i niegłupi.
— A tam. Pewny siebie, arogancki bubek. W dodatku zazdrosny nie do zniesienia.
— Co ty tam wiesz...

solidny
kreatywny
spontaniczny
agresywny
nerwowy
tolerancyjny
sympatyczny
energiczny
despotyczny
arogancki
inteligentny
serdeczny
koleżeński
miły
wesoły
wykształcony
rozsądny
bezczelny
złośliwy
pewny siebie
zazdrosny
nieśmiały
zdolny
sprytny
zarozumiały
nudny
towarzyski
skromny
próżny
wyrozumiały
życzliwy
dumny
ponury
niecierpliwy
mądry
głupi

ofiara
bubek
snob
gaduła
fujara
kanciarz

D

224–225

Mój brat jest zdolny, ale strasznie nieśmiały.

Lepiej, że jest nieśmiały, niż gdyby miał być arogancki.

Mój szef jest mądry, ale strasznie wymagający.

Lepiej, że ....

Moja ....

Lepiej, że ....

226

Jakimi cechami powinni charakteryzować się twoim zdaniem: sędzia, lekarz, złodziej, twoi sąsiedzi, domokrążca, nauczyciel, polityk komunalny.
Przedyskutuj to w grupie.

Lekcja 16

F

Jacy oni są – ci Polacy?

90 osób uczących się języka polskiego wypowiedziało się w ankiecie przeprowadzonej w Münster w 1986 roku między innymi na temat, jak widzą Polaków.

Prawie wszyscy pytani opierali się w swoich wypowiedziach na doświadczeniu z pobytu w Polsce.

Tematem głównym jest dla nich gościnność. Pytani piszą, że słyszeli oczywiście o tym, że Polacy są gościnni, ale nie wyobrażali sobie, że aż tak. Niektórzy sądzili, że jako obcy, a w dodatku Niemcy, spotkają się co najmniej z rezerwą i nie będzie im łatwo przełamać lody. Stąd zaskoczenie, że nawet zupełnie nieznani ludzie po wejściu w progi domowe podejmowani są przez gospodarzy bardzo serdecznie. Czasami aż za...! Kończy się to wtedy przejedzeniem lub pospolitym kacem.

W kontaktach prywatnych Polacy są dla pytanych bezpośredni, otwarci i ciekawi świata. Chętnie dyskutują o polityce i historii. Pytani wielokrotnie podkreślali patriotyzm i dumę Polaków. Widząc zaś, jakie tłumy ciągną w każdą niedzielę do kościoła, stwierdzili, że ludzie tam są bardzo religijni. Niektórym imponowała polska zdolność do improwizacji w życiu codziennym. Często mogli zaobserwować, że Polak z każdym problemem da sobie jakoś radę, że coś tam wymyśli.

Inni zwracali uwagę na to, że w Polsce ‚rodzina' to znaczy żywy kontakt z najodleglejszymi czasem krewnymi i pomaganie sobie nawzajem.

O kobietach pisano, że są zwykle elegancko ubrane, a o mężczyznach, że są szarmanccy, bo całują kobietę w rękę, podają jej płaszcz i przepuszczają w drzwiach.

Negatywnych wypowiedzi było niewiele. Ktoś skarżył się, że Polacy są niewdzięczni i ciągle oczekują prezentów z Zachodu. Ktoś inny zauważył, że społeczeństwo polskie jest bardzo konserwatywne w sferze obyczajowej.

Lekcja 17

A Co będzie?

228–231

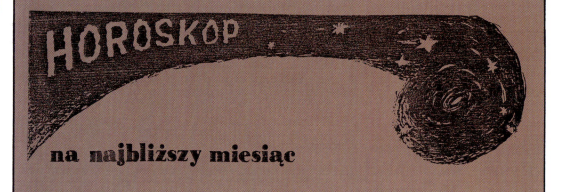

HOROSKOP na najbliższy miesiąc

BARAN
Na początku miesiąca spotka cię miła niespodzianka, która przypomni ci rzecz dawno zapomnianą. Po dziesiątym będziesz musiał walczyć z biurokracją, aby zrealizować swoje plany. Uważaj na Wodnika, bo może ci zaszkodzić. Druga połowa miesiąca minie spokojnie. Wykorzystaj to, żeby uporządkować sprawy rodzinne.

BYK
Uważaj na plotki w pracy, bo mogą zburzyć twoje dotychczasowe plany. Nie obiecuj nikomu czegoś, jeśli nie będziesz pewien, że dotrzymasz słowa. Koniec miesiąca uwolni cię od kłopotów i pozwoli odpocząć od stresu w pracy. Nie marnuj czasu i jedź na krótki urlop, gdzie możesz poznać kogoś interesującego.

BLIŹNIĘTA
W pierwszych dniach dostaniesz złą wiadomość, która zmusi cię do zmiany twoich planów. W połowie miesiąca czeka cię nowe zadanie w życiu zawodowym, które będzie wymagało dużego zaangażowania z twojej strony, ale przyniesie ci dużo satysfakcji. Po 22-im możesz mieć kłopoty w życiu osobistym. Nie pokazuj, że jesteś zazdrosny, bo stracisz.

RAK
Sukces zawodowy w pierwszym tygodniu polepszy twoją sytuację finansową, a co ważniejsze przyniesie ci uznanie towarzyskie. Między 15-ym a 20-ym będziesz musiał podjąć decyzję, która może odmienić całe twoje życie. Słuchaj rady starszych, bo dobrze ci życzą. Nie wahaj się zbyt długo, bo będziesz żałować.

LEW
Na początku miesiąca spotka cię rozczarowanie ze strony bliskiej ci osoby. Nie rezygnuj zbyt szybko, gdy czujesz, że masz rację. Weź inicjatywę w swoje ręce, ale stosuj politykę małych kroków, aby nie urazić innych. Pokaż przede wszystkim, że jesteś tolerancyjny. To pomoże ci poprawić stosunki. Nie denerwuj się, jeśli to potrwa.

PANNA
Zacznij nareszcie realizować swoje plany i zamierzenia, bo sytuacja na początku miesiąca będzie dla Panny bardzo korzystna. Nie czekaj, aż sprawy same się ułożą, bo stracisz na tym. Już niedługo odczujesz poprawę swojej sytuacji. Nieoczekiwany gość w drugiej połowie miesiąca pomoże ci rozwiązać twoje problemy.

Lekcja 17

 WAGA

Po dziesiątym spełni się twoje stare marzenie. Poznasz też pewną osobę, która starać się będzie o twoją przyjaźń. Jeśli się zaangażujesz, ryzykujesz wielką awanturę w domu. Zastanów się, czy ci się to opłaca. Staraj się unikać konfliktów, bo najczęściej ty na tym źle wychodzisz. Zrób sobie krótki urlop.

 SKORPION

Problem, który cię od dawna zajmuje, rozwiąże się sam. Za to koło 15-ego zawodowa przeszkoda zagrozi twoim ewentualnym planom urlopowym, ale jednocześnie poprawi twoją sytuację finansową. Uważaj na osoby, które teraz będą ci prawić komplementy. Nie robią tego bezinteresownie. Odpisz nareszcie na listy.

 STRZELEC

W tym miesiącu przyjedzie niespodziewany gość, który zmusi cię do zastanowienia nad sensem twojego życia. Nie unikaj refleksji, ale nie daj się namówić do zmian, jeśli nie jesteś do tego przekonany. Ufaj lepiej swoim uczuciom. Ale nie lekceważ uczuć innych, bo zostaniesz sam. Ucz się być dyplomatą.

 **KOZIOROŻEC**

Pierwsze dni miesiąca mogą ci przynieść szczęście na loterii. Nie ryzykuj jednak za dużo i pamiętaj, że sprawy finansowe nie są aż tak ważne, bo inaczej będziesz miał kłopoty w życiu osobistym. Pod koniec miesiąca poznasz ciekawych ludzi, którzy pomogą ci wyjść z chwilowej izolacji. Nie unikaj nowych kontaktów.

 WODNIK

Musisz znaleźć więcej czasu na życie prywatne. Między 4-ym a 9-ym czeka cię ważna rozmowa, od której dużo zależy. Idź na całego, a wiele zyskasz. I nie daj się namówić do zmiany twoich planów. Pod koniec miesiąca możesz ponieść jakąś stratę materialną, ale nie przejmuj się. Następny miesiąc ci to wynagrodzi.

 RYBY

Potrafisz sobie zjednać ludzi, oczarować ich, zdobyć sympatię – ale często później nie przywiązujesz do tego wagi, nic dziwnego, że traktują cię potem z rezerwą. Nie szukaj ciągle nowych znajomości, tylko zbliż się do tych, których już dawno znasz. Pod koniec miesiąca czeka cię niestety przykra rozmowa.

Sprawdź spod jakiego jesteś znaku.
Co sądzisz o przepowiedni, która ciebie dotyczy?
Co myślisz w ogóle o horoskopach?
Gdzie można znaleźć horoskopy?
Jak myślisz, jaką one mają funkcję?

Spróbujcie w grupie ułożyć nowy horoskop.

Lekcja 17

B   **A niech to...**

- Nie możesz przyjść?
- (...)
- Czemu? Co się stało?
- (...)
- Mówi, że mu się zepsuł samochód.
- To nie powód. Niech przyjedzie tramwajem.
- Karol, słuchaj, a może po prostu przyjedziesz tramwajem, co? (...) Mówi, że długo by to trwało.
- To niech weźmie taksówkę.
- Karol, a taksówką? Co? (...) Weź taksówkę. Szkoda zmarnować wieczoru. Marta przygotowała już ciepłą kolację. Przyjedziesz? (...) Fajno. To czekamy. Narazie.

Taksówkarz zna się...

- Na Paderewskiego proszę.
- Na Paderewskiego? Może być i na Paderewskiego. Mnie wszystko jedno. Panie kochany, klient nasz pan.
- Dobrze, ale niech pan jedzie trochę szybciej.
- Po co te nerwy. Pali się?
- Jestem już trochę spóźniony. Miałem przyjść na siódmą.
- Co, narzeczona czeka? Niech się pan nie boi. Zobaczy kwiatki, to nie będzie się gniewać. Znam się na tym.
- Nie narzeczona, tylko znajomi. Czekają na mnie z kolacją. Te kwiaty są dla pani domu.
- Dobra, dobra, pani domu. Znam to. Zaraz będziemy na miejscu. Pod jakim numerem?
- 23. Nie widać od ulicy. Niech pan stanie za apteką. Dojdę tam.

Lekcja 17

C

– Co chcesz robić w czasie wakacji?
– Pojadę do domu.
– A jak tam z twoimi egzaminami?
– Mam jeszcze jeden we wrześniu.
– I co chcesz robić w domu? Będziesz pracować?

– Nie. W lipcu będę miał praktykę, a w sierpniu pochodzę trochę po górach.
– No a we wrześniu?
– Będę przygotowywać się do egzaminu.

D

234–235

A jakie plany na najbliższe wakacje ma Rysiek?

	TAK	NIE
1. Rysiek chciałby pojechać z kolegami na „saksy".	☐	☐
2. Planują wyjazd na cztery miesiące.	☐	☐
3. W tym czasie będą pracować na plantacji truskawek.	☐	☐
4. Po sezonie truskawkowym będą pracować gdzieś na budowie.	☐	☐
5. Narazie nie wiadomo, gdzie będą mieszkać, więc na wszelki wypadek zabiorą ze sobą namiot.	☐	☐
6. Będą też mieli ze sobą zapas żywności z Polski, żeby zaoszczędzić na jedzeniu.	☐	☐

Lekcja 18

 Spotkania partnerskie

W Lublinie przebywa z kilkudniową wizytą, delegacja Rady Miejskiej Münster z Republiki Federalnej Niemiec. Prowadzone są rozmowy na temat zacieśnienia współpracy między obu miastami. Dzisiaj podpisane zostało wspólne oświadczenie o zawarciu w najbliższej przyszłości oficjalnej umowy o stosunkach partnerskich między Lublinem a Münster.

 Co tam ciekawego w gazecie?

236–238

– Piszą dziś coś ciekawego?
– Bo ja wiem...
 Od stycznia podwyższone zostają ceny urzędowe na prąd i gaz o 7%
– Wiem. Słyszałam już w radiu. Nie ma lepszych wiadomości?
– Od przyszłego roku zostanie wprowadzony ruch bezwizowy między Polską a Portugalią.
– Nie wybieram się tam.
– No to może to:
 Wczoraj została podpisana umowa o współpracy partnerskiej Lublina z Münster w Niemczech.
– Przecież już raz została podpisana. Pamiętasz? Ich burmistrz był u nas w sierpniu i podpisał. Pokazywali nawet w telewizji.
– Pewnie trzeba i tu i tu podpisać. Teraz nasz prezydent był tam. Jest tu nawet na zdjęciu.
– Nasz Bobrzyk? Pokaż.
 Acha, nieźle wyszedł.
 Pewnie wymieniają sobie jakieś oficjalne prezenty.
– Nie, piszą tu o honorowym toaście ze złotego pucharu.

Lekcja 18

C

239

LUBLIN PARTNEREM MÜNSTER

Przedwczoraj podpisana została umowa o współpracy partnerskiej miast Lublina i Münster. Uroczystość podpisania aktu odbyła się w sobotę wieczorem w słynnej Sali Pokoju zabytkowego ratusza w Münster. Ze strony gospodarzy podpisywał burmistrz miasta dr Jörg Twenhöven. Lublin reprezentowany był przez prezydenta miasta dr Leszka Bobrzyka. Po złożeniu podpisów prezydent Lublina uhonorowany został pucharem wina, który tradycyjnie podawany jest szczególnym gościom miasta Münster.

W przemówieniach przedstawicieli obu stron wyrażono nadzieje, że zawarta umowa ułatwi dalszy rozwój kontaktów między instytucjami, organizacjami i inicjatywami prywatnymi. W perspektywie najbliższego roku planowane jest rozszerzenie wymiany uczniowskiej oraz pomoc w nawiązaniu kontaktów między jednostkami gospodarczymi. Rok później Münster będzie obchodzić jubileusz 1200 lat istnienia miasta i pragnie zorganizować z tej okazji kilkudniową imprezę, na którą zaproszeni są przedstawiciele środowisk kulturalnych wszystkich ośmiu miast partnerskich Münster. Jesteśmy przekonani, że i Lublinianom nie zabraknie pomysłów na wzbogacenie programu wzajemnych kontaktów.

2. 12. 1991

	TAK	NIE
1. Umowę o współpracy podpisano 30. 11. 1991 roku.	☐	☐
2. Akt podpisano w zabytkowym ratuszu w Lublinie.	☐	☐
3. Po podpisaniu umowy wymieniono oficjalne prezenty.	☐	☐
4. Polskiego gościa uhonorowano tradycyjnym pucharem wina.	☐	☐
5. Puchar wina podawany jest wszystkim gościom Münster.	☐	☐
6. Planuje się zorganizować pierwszą wymianę uczniowską.	☐	☐
7. W roku 1993 obchodzony będzie jubileusz Münster.	☐	☐
8. Na obchody zaproszono gości z 8 miast partnerskich.	☐	☐

Jak to wyrazić? **D**

240

Serdecznie witamy szanownych gości z Polski.

Życzymy Państwu miłego pobytu.

W imieniu wszystkich członków naszej delegacji chciałabym zaprosić Państwa do…

Proszę przyjąć ten skromny upominek w podziękowaniu za gościnę.

Mamy zaszczyt przekazać Państwu ten dar od Rady Miejskiej dla…

Powodzenia!

Na pożegnanie chciałbym wyrazić nadzieję, że będziemy się mogli zrewanżować Państwu u nas.

Lekcja 18

E Jak dobrze popytać…

– Guten Morgen.
  Ich habe einen Termin bei Herr Kiuler.
– A, pan Sarzyński z Lublina, tak?
  Pan Kühler mówił mi, że pana dzisiaj oczekuje.
– A to dopiero!
  Pani też mówi po polsku!
– Też? Spotkał pan już dzisiaj kogoś?
– Nie, mam na myśli pana Kiulera.
  Poznałem go na Targach Poznańskich.
  On też przecież mówi po polsku.
  Ale u niego słychać jeszcze niemiecki akcent. A u pani wcale.

– Bo on jest stąd. Ma tylko żonę Polkę.
  A ja jestem z Polski. Wyjechałam zaraz po maturze.
– No to mam szczęście.
  Bo wie pani, z moim niemieckim nie jest najlepiej. I obawiałem się trochę, czy sobie dam tutaj radę.
– Proszę pana, jak dobrze popytać, to w każdej większej firmie znajdzie się ktoś z Polski.
  Zadzwonię po pana Kühlera.
  Niech pan siądzie tam na chwilkę.
  To nie potrwa długo.

Lekcja 18

Mam pomysł...

— Tu pan widzi na przykład podobny automat do oczyszczania strumieniowego. Elementy poddawane są obróbce perełkami szklanymi i niemetalicznym śrutem ceramicznym.
— Szkoda, że pan nie przywiózł ze sobą żadnych swoich próbek. Poszlibyśmy od razu do naszej hali, pokazać jaki to daje efekt w praktyce.
Prospekt nie zastąpi praktycznego przykładu.
— Wie pan, nawet myślałem o tym. Ale nasze elementy są duże. Mógłbym mieć kłopoty na granicy. Pewnie musiałbym mieć jakąś dokumentację przewozową na odprawę celną.
— Nie sądzę, żeby z powodu pojedyńczych części robiono kłopoty.
— Damy sobie radę. Spróbujmy najpierw naszkicować.
Pan zna przecież wszystkie dane?
— No pewnie! 15 lat w biurze konstrukcyjnym to niezła szkoła.
Obawiam się tylko, że to panom nie wystarczy, żeby na tej podstawie przygotować wstępną ofertę.
A ja sobie wyobrażałem, że przyjeżdżając tu uda mi się przyspieszyć całą procedurę i ustalić już termin dostawy na bieżący rok. Bardzo nam na tym zależy.
— Na ten rok?!
Nie ma rzeczy niemożliwych. Ale nie będzie łatwo. Nie mamy przecież gotowych urządzeń na składzie. Każda oczyszczarka kontruowana jest stosownie do potrzeb i wymagań klienta.
— Zobaczy pan zaraz, jak pójdziemy na halę produkcyjną, że nie ma właściwie dwóch takich samych egzemplarzy.
— No tak. Trzeba coś będzie wymyślić, żeby dostarczyć jak najszybciej te części.
Mam już nawet pewien pomysł.

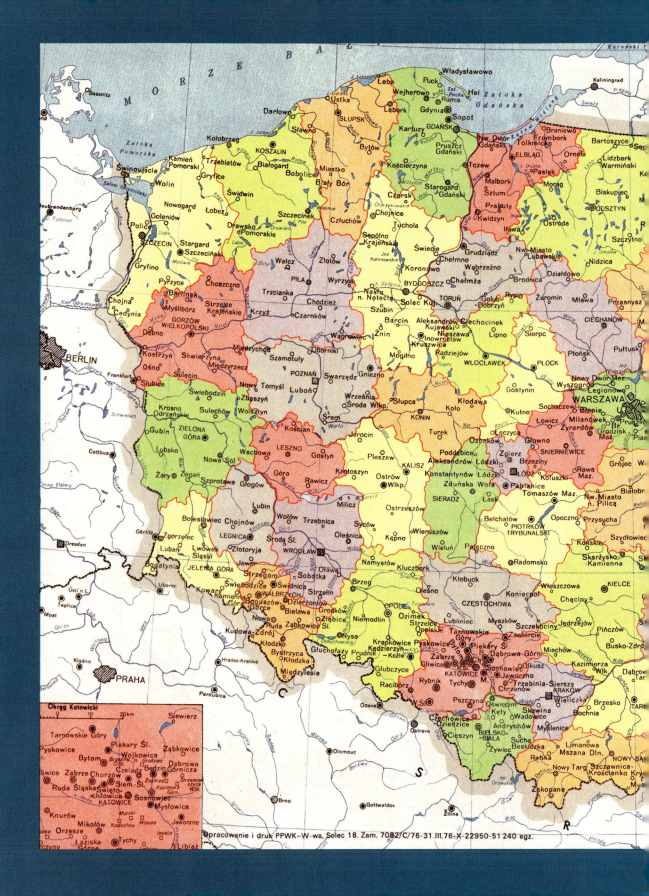

POLSKA

mapa administracyjna
administrative map
carte administrative
verwaltungsmäßige Gliederung

1 : 3 000 000

25 0 25 50 75 km

miasta powyżej 1 000 000 mieszkańców towns of over 1 000 000 inhabitants		villes de plus de 1 000 000 d'habitants Städte mit mehr als 1 000 000 Einwohner
		500 000 – 1 000 000
		250 000 – 500 000
	⊙	100 000 – 250 000
	◉	50 000 – 100 000
	◎	25 000 – 50 000
	○	10 000 – 25 000
miasta poniżej 10 000 mieszkańców towns of less than 10 000 inhabitants	○	villes de moins de 10 000 d'habitants Städte mit weniger als 10 000 Einwohner
stolice państw state capitals	WARSZAWA	capitals d'Etats Landeshauptstädte
miasta wojewódzkie voivodship capitals	WROCŁAW	chefs-lieux de voïvodie Wojewodschaftshauptstädte
inne miasta other towns	Wałcz	autres villes andere Städte
części miast (w kartonie) parts of towns (inset)	□ Murcki	parties de villes (carte latérale) Stadtteile (Nebenkarte)
granice państw state frontiers		frontières des Etats Staatsgrenzen
granice województw voivodship boundaries		limites des o voïvodies Wojewodschaftsgrenzen

Skróty: Abréviations:
Abbreviations: Abkürzungen:

B. – Będzin   R. Śl. – Ruda Śląska
Br. – Brwinów   Siem.-Śl. – Siemianowice Śl.
Ch. – Chorzów   U. – Ursus
M. – Mysłowice   W. Śl. – Wodzisław Śląski

PAŃSTWOWE PRZEDSIĘBIORSTWO WYDAWNICTW KARTOGRAFICZNYCH
WARSZAWA

Grammatikkommentar

Lekcja 1a

Nun haben Sie also angefangen, Polnisch zu lernen. War die erste Lektion schwer?

– Das kann man wohl sagen. Alles ist so neu. Ich schau da noch nicht durch.

Dann fangen wir eben an, die Dinge zu ordnen. Sie werden merken, es ist gar nicht so schlimm. Zuerst das Tätigkeitswort (Verb) *nazywać się – heißen*.

– Eben. Ich frage mich, was macht denn da dieses *się*?

Nazywać się kann man wörtlich übersetzen mit *sich nennen*. Es hieße dann: *Ich nenne mich Helena. Wie nennst du dich?* All diese *mich, dich, sich, uns* usw. werden im Polnischen mit dem Wörtchen *się* wiedergegeben.

– Das finde ich praktisch!

Schauen Sie sich an, wie sich das Tätigkeitswort ändert, je nach dem, von welcher Person gesprochen wird:

1. Person	**(ja)**	nazywa**m się**
2. Person	**(ty)**	nazywa**sz się**
3. Person	**pan** **pani**	nazywa **się**

Es gibt also einen Bestandteil (Wortstamm), der für alle Personen gleich bleibt, und die entsprechenden Endungen.

– Und was bedeuten die Klammern?

Ja und *ty* werden normalerweise nicht gesprochen. Die Endungen selbst geben Auskunft darüber, ob jemand von sich selbst spricht (dann hört man am Ende ein **-m**) oder eine andere Person anspricht (dann zischt am Ende des Wortes ein **-sz**).
Nur wenn die Person besonders betont oder einer anderen gegenübergestellt werden soll, werden *ja* und *ty* gesprochen. Das gilt nicht für die Anredeformen. Wenn Sie jemanden siezen, muß *pan* oder *pani* gesprochen werden.

– Da kriegt man ja Kopfschmerzen! Und all das wegen des kleinen Wörtchens *nazywać się*. Übrigens, endet jedes Tätigkeitswort in der Grundform (Infinitiv), d. h. so wie es im Wörterbuch steht, mit einem **-ć**?

Fast. Es gibt nur ganz wenige Ausnahmen von dieser Regel.

– Gottseidank!

Es gibt noch etwas Wichtiges zu besprechen: Fragen mit Hilfe des Wörtchens *czy*. So werden die sogenannten Entscheidungsfragen gestellt, auf die man eine bejahende oder verneinende Antwort erwartet.

– Langsam, langsam! Wie ist das denn gemeint?

Überlegen Sie, wie Sie fragen müßten, um ein *ja* oder ein *nein* zur Antwort zu bekommen. *Heißt er Manfred? Sprechen Sie Polnisch? Heißen Sie Krüger?* usw.

– Also Fragen, die im Deutschen mit dem Tätigkeitswort beginnen?

Genau. Im Deutschen macht die Wortstellung die Absicht der fragenden Person deutlich. Im Polnischen gibt es nicht so strenge Regeln für die Wortstellung. Eine Frage wird durch die Satzmelodie (Intonation) – sie steigt am Ende der Frage – und das Fragewort ersichtlich. Die Polen lassen das *czy* oft aus. Ich würde Ihnen aber empfehlen – zumindest am Anfang – *czy* immer mitzusprechen, bis Sie die Melodie des polnischen Fragesatzes gut beherrschen. Sie können so Mißverständnissen vorbeugen.

– Gut, das sehe ich ein.

Eine weitere Regel: Das Verneinungswort *nie* steht im Polnischen immer *vor* dem Wort, das verneint werden soll, und nicht wie im Deutschen manchmal danach. Zum Beispiel: *Nie wiem. – Ich weiß nicht.*
Das wäre es zunächst.

– Wieso? Das ist doch lange noch nicht alles. Ich könnte noch eine ganze Menge Fragen stellen. Jetzt weiß ich zwar alles über *nazywać się*, aber was ist mit *jestem* oder *pani mówi* oder *dziękuję*?

Mit *nazywać się* haben Sie die regelmäßigen Tätigkeitswörter der **a**-Gruppe (bei jeder Endung kommt ein **-a-** vor) kennengelernt. Die anderen Tätigkeitswörter gehören zu den zwei anderen Gruppen, die Sie demnächst näher kennenlernen werden. Zunächst lernen Sie sie bitte als feststehende Redewendungen. Dies ist am Anfang nicht anders möglich, wenn man auf das schnelle Vorankommen beim Sprechen nicht verzichten will.

Lekcja 1 b

Diesmal sind die besitzanzeigenden Fürwörter (Possessivpronomen) an der Reihe.

– Oh, Gott! Was soll ich mir bloß darunter vorstellen?

Mój, moja, twój, twoja, pani (Ihr, Ihre), pana (Ihr, Ihre) – das sind einige Beispiele für besitzanzeigende Fürwörter. In einer Situation, in der Familienmitglieder, Freunde oder Bekannte vorgestellt werden, werden diese Wörter oft gebraucht. Achten Sie aber darauf, bei weiblichen Personen immer die Formen mit der Endung **-a** zu benutzen.

mo**ja** żona	meine Frau	**aber:**	
two**ja** koleżanka	deine Kollegin	tw**ój** kolega	dein Kollege
mo**ja** nauczycielka	meine Lehrerin	m**ój** nauczyciel	mein Lehrer
two**ja** znajoma	deine Bekannte	tw**ój** znajomy	dein Bekannter

– Heißt das, alle Wörter, die auf **-a** enden, sind weiblich? Und *kolega?*

Es gibt eine Regel, die besagt, daß die Endungen **-a** und **-i** (z. B. pani) die weiblichen Wörter kennzeichnen. Aber: Keine Regel ohne Ausnahmen. *Kolega* gehört zu der kleinen Gruppe von Wörtern, die zwar auf **-a** enden, aber von Natur aus männlichen Geschlechts sind. Deswegen heißt es: *twój kolega.*

– Daß *twój, twoja* parallel zu *mój, moja* gebraucht wird, ist mir klar. Das brauche ich beim Duzen. Beim Siezen scheint es aber anders zu sein.

Stimmt. Den deutschen Formen *Ihr, Ihre* entsprechen im Polnischen *pana, pani.* Sie zeigen aber nur an, *wer* der „Besitzer" ist, und nicht, *wen* man „besitzt".

Eine Frau fragen Sie:	Czy to **pani** mąż?	Ist das **Ihr** Mann?
	pani córka?	**Ihre** Tochter?
Einen Mann fragen Sie:	Czy to **pana** ojciec?	Ist das **Ihr** Vater?
	pana siostra?	**Ihre** Schwester?

– Komisch. Das ist umgekehrt wie im Deutschen.

Richtig beobachtet.

Und nun zum 5. Fall (Instrumental). In der polnischen Grammatik gibt es 7 Fälle (Kasus), wovon der letzte äußerst selten gebraucht wird.

1. Fall (Nominativ) – die Form, in der Personen und Sachen genannt werden: *mąż, żona, pan, dyrektor, ...*
5. Fall (Instrumental) – er hat verschiedene Funktionen. Hier dient er zur Angabe des Berufs, der Position oder des Verwandtschaftsverhältnisses. Diese Form steht immer in Verbindung mit *być: jestem, jesteś, jest, ...,* außer nach *to jest.*

Wenn Sie Ihren Beruf, Ihre Position angeben oder den Beruf von jemandem erfragen möchten, benötigen Sie den Instrumental.

Jestem inżynier**em**.	Ich bin Ingenieur (auch für Frauen).
Czy ty też jesteś student**em**?	Bist du auch Student?
Mój kolega jest mechanik**iem**.	Mein Freund ist Mechaniker.
Piotr jest brat**em** Teresy.	Piotr ist der Bruder von Teresa.

> Jestem nauczyciel**ą**. Ich bin Lehrerin.
> Czy ty też jesteś studentk**ą**? Bist du auch Studentin?
> Monika jest urzędniczk**ą**. Monika ist Angestellte.
> Kto jest pedagog**iem**? Wer ist Pädagoge?

– Es sieht so aus, als ob männliche Bezeichnungen im Instrumental immer auf **-em** und weibliche auf **-ą** enden. Warum dann *mechanikiem*? Wieso kommt ein **-i-** dazwischen?

Es gibt eine Regel, daß sich **-k-** und **-e-** in der polnischen Sprache nicht vertragen. Dasselbe gilt auch für die Kombination **-g-** und **-e-**. Merke: Wird an ein Wort, das auf **-k** oder **-g** endet, eine Endung mit **-e-** angehängt, muß immer ein **-i-** eingeschoben werden, wie beim Beispiel: *Kto jest pedagog**iem**?*

Lekcja 1 c

– So, diesmal gibt es eine ganze Menge zu ordnen, oder?

Genau genommen drei Gebiete. Zuerst fassen wir zusammen, welche Formen des Wortes *być – sein* Sie inzwischen kennen.

> Einzahl   1. Person (ja)   jest**em**   ich bin
> (Singular)   2. Person (ty)   jest**eś**   du bist
>   3. Person on ⎤
>   ona ⎬ jest   er ist
>   sie ist
>   pan/pani ⎦   Sie sind (Anrede für einen Mann/eine Frau)
>
> Mehrzahl   1. Person (my)   jest**eśmy** wir sind
> (Plural)   2. Person (wy)   jest**eście** ihr seid
>   3. Person oni ⎤   sie sind (wenigstens ein Mann und andere Personen)
>   one ⎬   sie sind (Gruppe ohne Mann/Gegenstände)
>   panowie ⎬ są   Sie sind (Anrede für Männer)
>   panie ⎬   Sie sind (Anrede für Frauen)
>   państwo ⎦   Sie sind (Anrede für gemischte Gruppen)

Neuerdings breitet sich der Gebrauch der Anredeformen in der 2. Person Mehrzahl aus. Sie können also auch sagen: *Skąd państwo jesteście? Gdzie panowie mieszkacie?*

– Da kann man ja verzweifeln! Warum denn so kompliziert?! Am besten, ich duze gleich alle.

Wie Sie meinen, aber ich würde es nicht empfehlen. Zumindest nicht beim Ansprechen fremder Personen. Dies könnte nämlich als Beleg für die in Polen immer noch verbreitete

Meinung von der Überheblichkeit der Deutschen ausgelegt werden. *Pan* und *pani* kennen Sie bereits. Merken Sie sich jetzt noch *państwo* als Anredeform für Eheleute und andere gemischte Gruppen. *Panowie/panie* werden selten gebraucht.

Jetzt zu den Formen von *mieszkać – wohnen*, einem Beispiel von Tätigkeitswörtern der **a**-Gruppe. Wissen Sie noch, welche gemeint sind?

– Klar. Das sind diejenigen, deren Endungen alle ein **-a-** enthalten. Das haben wir gleich am Anfang bei *nazywać się* gelernt.

Richtig. Jetzt kennen Sie folgende Formen:

mieszk**am**	ich wohne	Mieszkam niedaleko stąd.
mieszk**asz**	du wohnst	Gdzie mieszkasz?
mieszk**a**	er/sie wohnt	Czy on też mieszka w Monachium?
mieszk**amy**	wir wohnen	Mieszkamy w Münster.
mieszk**acie**	ihr wohnt	A gdzie wy mieszkacie?
mieszk…	sie wohnen	....

– Da fehlt ja etwas. Warum?

Diese Form kam bisher noch nicht vor. Sie können sie später hier eintragen.

Jetzt zum 2. Fall, dem Genitiv. Er hat verschiedene Funktionen. Er kann – wie im Deutschen – Besitzverhältnisse anzeigen (*wessen?*). Er kann aber noch vieles mehr. In Lekcja **1 c** beantwortet er die Frage, woher jemand kommt, gibt also die Herkunft an.

Schauen Sie sich zunächst die männlichen Wörter an.

1. Fall (Nominativ)	Berlin	Hamburg	Gdańsk	Zurych	RFN
2. Fall (Genitiv) (*woher?*)	**z** Berlin**a**	**z** Hamburg**a**	**z** Gdańsk**a**	**z** Zurych**u**	**z** RFN-**u**

– Und woher soll man wissen, wann die Endung **-a** und wann **-u** lautet?

Dazu gibt es leider keine feste Regel. Sie können sich aber folgendes merken: Wörter, die auf *-furt, -dorf, -berg* enden, erhalten immer ein **-u,** Wörter auf *-burg* dagegen immer ein **-a.** Die polnischen Bezeichnungen auf **-ów** enden im Genitiv auf **-owa**: Kraków – z Krak**owa**. Wörter, die auf einen „Strichbuchstaben" enden, verlieren den „Strich" (er steigt herunter und entfaltet sich zu einem vollen **-i-**) und enden auf **-ia**: Poznań – z Pozna**nia**, Zamość – z Zamo**ścia**.

Die weiblichen Wörter sind dafür schön regelmäßig.

1. Fall (Nominativ)	Warszawa	Lozanna	Szwajcaria	Polska	Malaga
2. Fall (Genitiv) (*woher?*)	**z** Warszaw**y**	**z** Lozann**y**	**ze** Szwajcari**i**	**z** Polsk**i**	**z** Malag**i**

Die Regel hierzu lautet: Es steht immer die Endung **-y**, außer nach **-i-**, **-j-**, **-k-** und **-g-**. Da diese Buchstaben sich mit **-y** nicht vertragen, werden sie immer mit **-i** kombiniert.

– Die Regel ist klar. Aber warum heißt es plötzlich *ze Szwajcarii*?

Wegen der leichteren Aussprache. Versuchen Sie einmal, das Wort ohne dieses **-e** zu lesen. Schwierig, nicht wahr? Übrigens: Die Wörter *w – in* und *z – aus* werden beim Sprechen mit dem nachstehenden Wort so verbunden, als würden sie zusammengeschrieben.

Zuletzt kommen die sächlichen Wörter, die im Nominativ auf **-o** oder **-e** enden.

1. Fall (Nominativ)	Drezno	Świecko	Opole
2. Fall (Genitiv) (*woher?*)	**z** Drezn**a**	**ze** Świeck**a**	**z** Opol**a**

– Diese Regel finde ich toll. Egal, ob das Wort im Nominativ auf **-o** oder **-e** endet, im Genitiv bekommt es immer ein **-a**.

Stimmt. Mit der letzten Gruppe werden Sie kaum Probleme haben. Merken Sie sich aber eine Ausnahme: Zakopan**e** (ein bekannter Ferienort in der Tatra) – *aber:* **z** Zakopan**ego**.

– Insgesamt sind also beim Genitiv fünf verschiedene Endungen zu lernen. Das ist nicht wenig.

7–8	Da hilft nur üben. Nach den Übungen (7) und (8) im Arbeitsbuch können Sie zum Beispiel anhand einer Landkarte weiterüben und Ihre (echten oder ausgedachten) Verwandten und Freunde vorstellen: *Mój ojciec jest z Austrii. Stefan jest ze Szczecina, a Monika z Salzburga....*

Lekcja 1 d

In diesem Abschnitt gibt es zwar nicht viel neue, dafür aber wichtige Grammatik. Die Lücken bei den besitzanzeigenden Fürwörtern (in **1 b** hatten Sie bereits einige Formen kennengelernt) werden geschlossen. Außerdem lernen Sie die beiden anderen Gruppen der Tätigkeitswörter (Sie kennen bisher die **a**-Gruppe) kennen.

Die neuen besitzanzeigenden Fürwörter sind einfach. Alles, was einem männlichen Wesen gehört, wird mit *jego – sein, seine* bezeichnet: *jego* syn – *sein* Sohn, *jego* żona – *seine* Frau, *jego* dzieci – *seine* Kinder.

Alles, was einem weiblichen Wesen gehört, wird mit *jej – ihr, ihre* bezeichnet: *jej* mąż – *ihr* Mann, *jej* córka – *ihre* Tochter, *jej* dzieci – *ihre* Kinder.

– Wenn ich das richtig verstanden habe, spielt das Geschlecht der jeweiligen Person oder Sache keine Rolle. Genauso wie bei *pana, pani – Ihr, Ihre*.

Ja, so ist es. *Jego* und *jej* bleiben immer unverändert.

– Das hört man gern! Wo man doch sonst so viele Formen lernen muß!

Das wird sich bald ändern. In der ersten Lektion ist ja noch alles neu. Später wird es spürbar weniger grammatisches Neuland geben.

Jetzt zu den Tätigkeitswörtern, die in dem Text vorkamen. Fangen wir bei der **a**-Gruppe an: *mieć – haben.*

m**am**	ich habe	Mam teraz urlop.
m**asz**	du hast	Czy masz dzieci?
m**a**	er/sie hat	Pan Roman ma duże gospodarstwo.
m**amy**	wir haben	Mamy już jednego wnuka.
m**acie**	ihr habt	Macie mój adres?
m**ają**	sie haben	Czy państwo mają już dzieci?

– Die Endungen sind genauso wie bei *mieszkać* und *nazywać się*. Nur die letzte Form ist neu.

Ja. Die eigentliche Endung ist **-ą**. Das eingeschobene **-j-** erleichtert die Aussprache. So enden alle regelmäßigen Verben der **a**-Gruppe in der 3. Person Mehrzahl.

Und nun zur **e**-Gruppe. Sie kennen bereits drei Beispiele: *pracować – arbeiten, studiować – studieren, dziękować – danken.* Alle enden in der Grundform auf **-ować,** das heißt aber nicht, daß nur solche Tätigkeitswörter zur **e**-Gruppe gehören (z. B. *chcieć – wollen* gehört auch dazu).

prac**uję**	ich arbeite	studi**uję**	ich studiere
prac**ujesz**	du arbeitest	studi**ujesz**	du studierst
prac**uje**	er/sie arbeitet	studi**uje**	er/sie studiert
prac**ujemy**	wir arbeiten	studi**ujemy**	wir studieren
prac**ujecie**	ihr arbeitet	studi**ujecie**	ihr studiert
prac**ują**	sie arbeiten	studi**ują**	sie studieren

– Ist dieses **-uj-** typisch für die **e**-Gruppe?

Nein, nicht für alle Tätigkeitswörter. Nur für die, die in der Grundform auf **-ować** enden. *Chcieć* braucht kein **-uj-** (*chcę, chcesz, chce* usw.).

Als letztes kommt die **i**-Gruppe. Beispiele: *mówić – sprechen/sagen, robić – machen, chodzić – gehen, znaczyć – bedeuten.*

mów**ię**	ich spreche	Mówię trochę po polsku.
mów**isz**	du sprichst	Co mówisz?
mów**i**	er/sie spricht	Czy pan mówi po niemiecku?
mów**imy**	wir sprechen	Mówimy tylko po angielsku.
mów**icie**	ihr sprecht	Czy mówicie po francusku?
mów**ią**	sie sprechen	Czy państwo mówią po rosyjsku?

Nicht alle Tätigkeitswörter dieser Gruppe bekommen ein **-i-** in der 1. Person Einzahl und der 3. Person Mehrzahl. Zum Beispiel: *chodzę – ich gehe* und *chodzą – sie gehen*. In den meisten Wörterbüchern werden solche abweichenden Formen angegeben.

Das Tätigkeitswort *znaczyć* gehört auch zur **i**-Gruppe, obwohl es kein **-i-** aufweist. Das **-y-** ist die weiche Variante des **-i-**. Die **y**-Tätigkeitswörter sind immer regelmäßig: **-ę, -ysz, -y, -ymy, -ycie, -ą**.

– Woher soll ich eigentlich wissen, zu welcher Gruppe ein Tätigkeitswort gehört? Ich dachte zuerst, Wörter auf **-ać** gehören alle zur **a**-Gruppe, aber bei *mieć* stimmt es schon nicht mehr. Gehören wenigstens alle Tätigkeitswörter auf **-ić** zur **i**-Gruppe?

Einem Tätigkeitswort in der Grundform kann man leider nicht immer ansehen, zu welcher Gruppe es gehört. Hier einige Hilfen, obwohl für manche Fälle bisher noch keine Beispiele da waren. Wenn Sie später Probleme haben sollten, können Sie hier nachschlagen.

e-Gruppe: – Wörter, die auf **-awać, -ować, -ywać** enden, z. B.: sprzed**awać**, sprzed**aje** – verkaufen, prac**ować**, prac**uje** – arbeiten, otrzym**ywać**, otrzym**uje** – erhalten.
– Einsilbige Tätigkeitswörter, die auf **-ić** oder **-yć** enden, z. B.: p**ić**, pi**je** – trinken, m**yć**, my**je** – waschen.

i-Gruppe: – Alle mehrsilbigen Tätigkeitswörter, die auf **-ić** oder **-yć** enden, z. B.: rob**ić**, rob**i** – machen, ucz**yć** się, ucz**y** się – lernen.

Tätigkeitswörter sollten generell in Paaren gelernt werden: Grundform + 3. Person Einzahl, z. B.: *mieć + ma, chcieć + chce* usw. Diese zweite Form gibt mit ihrem letzten Buchstaben den Hinweis, zu welcher Gruppe das Tätigkeitswort gehört, und liefert gleichzeitig den Wortstamm, mit dem jede andere Form durch Anhängen der entsprechenden Endung gebildet werden kann.

– Ich wäre noch dankbar für einen Tip, wie ich das alles in den Kopf kriegen soll.

Das brauchen Sie nicht zu lernen. Diese ausführlichen Erläuterungen sind in erster Linie zum Nachschlagen gedacht. Sie werden bald merken, daß Sie diese Erklärungen nur selten benötigen, da Sie in den Lektionen die Formen automatisch richtig anwenden lernen. Wenn Sie aber dennoch üben möchten, formulieren Sie mal folgendes auf polnisch: *Haben Sie Kinder? Wo arbeitet Ihre Frau? Was macht sie? Gehst du zur Schule? Meine Kinder studieren schon. Wir bedanken uns. Ich wohne nicht hier. Was wollt ihr machen? Ich habe einen Enkel. Er heißt Jan.*

Der Vollständigkeit halber zum Schluß noch eine Ausnahme. Es gibt einige wenige Tätigkeitswörter der **e**-Gruppe, die in der 1. Person Einzahl auf **-em** statt auf **-ę** enden:

rozumieć – rozumi**em**	ich verstehe	wiedzieć – wi**em**	ich weiß
rozumi**esz**	du verstehst	wi**esz**	du weißt
rozumi**e**	er/sie versteht	wi**e**	er/sie weiß

Lekcja 2 b–e

Hier geht es um die Mehrzahlbildung der Hauptwörter. Die Beispiele zeigen die Regel, die für die meisten polnischen Hauptwörter gilt:

männlich	*weiblich*	*sächlich*
1 plan – 2 plan**y**	1 mapa – 2 map**y**	1 spotkanie – 2 spotkani**a**
1 album – 2 album**y**	1 gazeta – 2 gazet**y**	1 zdjęcie – 2 zdjęci**a**

Eine Besonderheit gilt es zu beachten. Im Polnischen darf auf **-k-** nie ein **-y** folgen, sondern es steht nach **-k-** immer die weiche Variante **-i** als Endung:

männlich	*weiblich*
1 znaczek – 2 znaczk**i**	1 widokówka – 2 widokówk**i**
1 kiosk – 2 kiosk**i**	1 książka – 2 książk**i**

Merken Sie sich also: Sowohl die männlichen als auch die weiblichen Hauptwörter auf **-a** erhalten in der Mehrzahl die Endung **-y**. Bei sächlichen Hauptwörtern auf **-o** oder **-e** steht in der Mehrzahl die Endung **-a.** Wie so oft, gibt es natürlich auch hier Ausnahmen. Näheres zu den Mehrzahlendungen finden Sie in der Grammatikübersicht auf Seite 141.

Achtung: Wenn die Mehrzahl nach Zahlen steht, gilt die Regel nur für die Zahlen *dwa, trzy* oder *cztery* und für zusammengesetzte Zahlen, die auf 2, 3 oder 4 enden (23, 42, 164, nicht aber für 12 = *dwa**naście**,* 13, 14). Nach 5, 6, ..., 0 folgt immer der Genitiv Mehrzahl, deshalb heißt es in den Dialogen:

männlich	*weiblich*	*sächlich*
2 bilet**y** – 5 bilet**ów**	3 widokówk**i** – 6 widoków**ek**	24 zdjęci**a** – 36 zdjęć
2 znaczk**i** – 10 znaczk**ów**		

Näheres dazu erfahren Sie in Lektion **6e**.

Im Dialog im Abschnitt **2e** begegnen Sie wieder dem Genitiv. Er gibt diesmal die Richtung an und steht nach dem Wörtchen *do: znaczek* **do** *RFN-***u.**

Lekcja 2j

– Dieser Text war aber schwierig! Da wurden wir nicht geschont. Wie soll ich das denn alles verstehen?

Keine Angst. Niemand erwartet, daß Sie all das beherrschen. Wichtig ist, daß Sie dem Text ein paar Informationen entnehmen konnten.

– Und die Grammatik?

Merken Sie sich zunächst, wie Sie einen *Zweck* beschreiben. Im Deutschen benutzen Sie dazu die Wörter *um zu* und *damit*. Im Polnischen gibt es dafür *żeby* und *aby*. Beide Wörter werden mit dem Tätigkeitswort in der Grundform verwendet.

— Gibt es eine Regel, wann *żeby* und wann *aby* verwendet wird?

Nein. Es ist völlig egal. Schauen Sie sich das Beispiel an:

Chodzą na kurs, *żeby* nauczyć się polskiego.	Sie besuchen einen Kurs,
Chodzą na kurs, *aby* nauczyć się polskiego.	um Polnisch zu lernen.

— Na ja, es scheint nicht so schwierig zu sein, wie ich dachte. Nun aber etwas anderes: Warum heißt es im Titel *języka polskiego*?

Alles, *was man lernt*, wird im Polnischen mit dem Genitiv wiedergegeben. **-ego** ist die männliche Genitivendung bei Eigenschaftswörtern (Adjektiven).

— Oh, nein. Schon wieder der Genitiv!

Tja, der Genitiv spielt eine große Rolle im Polnischen. Sie sollten ihn mögen. Klingt die Endung **-ego** nicht schön?

Uczysz się (języka) polski**ego**?	Lernst du Polnisch?
Jak długo uczycie się już angielski**ego**?	Wie lange lernt ihr schon Englisch?
Kto uczy się niemieckі**ego**?	Wer lernt Deutsch?

Lekcja 3a

— Ich sehe schon, was hier auf mich zukommt: die Endungen der Eigenschaftswörter.

Richtig. Eigenschaftswörter, die einen männlichen Gegenstand oder eine männliche Person beschreiben, haben in der Regel die Endung **-y**:

mał**y** balkon   regał kuchenn**y**   jasn**y** pokój

Ich sage *in der Regel*, weil es leider auch hier wieder eine Ausnahme gibt. Eigenschaftswörter, die vor der Endung ein **-k** oder **-g** haben, enden nicht auf **-y**, sondern auf **-i**:

szerok**i** pokój   długі regał

Jetzt zu den weiblichen Eigenschaftswörtern. Eigentlich gibt es dazu nicht viel zu sagen: Eigenschaftswörter, die sich auf einen weiblichen Gegenstand oder eine weibliche Person beziehen, enden immer auf **-a**:

duż**a** kuchnia   szafka kuchenn**a**   ciemn**a** łazienka   biał**a** wanna

Die Endung bei sächlichen Eigenschaftswörtern lautet immer **-e**:

duż**e** okno   star**e** biurko   jasn**e** mieszkanie   mał**e** łóżko

Dieselbe Endung, nämlich ein **-e**, steht auch in der Mehrzahl. Wenn es um *mehrere*

Gegenstände geht, brauchen Sie nicht mehr auf das Geschlecht zu achten, die Endung lautet immer **-e**.

jasn**e** pokoje   szafki kuchenn**e**   mał**e** mieszkania

Noch ein wichtiger Hinweis im Unterschied zum Deutschen: Eigenschaftswörter haben im Polnischen *immer* eine Endung. Sie müssen nicht direkt bei dem Hauptwort (Substantiv) stehen, das sie beschreiben.

Mam mał**e** mieszkanie.	Ich habe eine kleine Wohnung.
Moje mieszkanie jest bardzo mał**e**.	Meine Wohnung ist sehr klein.

Soviel zur Theorie. Schauen Sie sich jetzt mal zu Hause um und versuchen Sie, die Räume und Gegenstände zu beschreiben. Es werden Ihnen sicherlich viele Sätze einfallen. Danach sollten Sie die Übungen (40) und (41) im Arbeitsbuch durcharbeiten. Sie werden merken, daß Sie immer sicherer im Umgang mit den Endungen der Eigenschaftswörter werden.

40–41

Lekcja 3 d

In diesem Abschnitt begegnet Ihnen wieder der Instrumental, doch diesmal in anderer Funktion. Er kam schon einmal vor. Erinnern Sie sich?

— Moment mal...! Er kam bei den Berufen vor, oder? Die weiblichen Bezeichnungen endeten auf **-ą** und die männlichen auf **-em**.

Genau diesen Endungen begegnen Sie jetzt wieder. Es wurde über die Zimmerausstattung des Hotels gesprochen. Schauen Sie sich die Beispiele an:

pokoje **z** łazienk**ą**	Zimmer *mit* Bad
z prysznic**em**	*mit* Dusche
z telefon**em**	*mit* Telefon

— Und wie bezeichnet man diese Funktion des Instrumentals?

Es handelt sich um den *Instrumental der Begleitung.* Er kommt immer dann vor, wenn eine Sache in Verbindung *mit* einer anderen erwähnt wird, z. B.: Mam mieszkanie *z balkonem.* Mam tylko pokój *z kuchnią.* ...

Lekcja 3 e

Bei der Ortsangabe kommt der Genitiv häufig vor. Es liegt an den Wörtern: *naprzeciw, koło, obok, na lewo od, na prawo od.* Sie ziehen immer den Genitiv nach sich.

Wenn Sie zusätzlich zur Übung (51) üben möchten, können Sie nochmal zur Wohnungsbeschreibung greifen. Wie sind die Möbel in den einzelnen Zimmern angeordnet? *Na prawo od* drzw**i** stoi stolik z telewizorem. *Naprzeciw* telewizor**a** jest wersalka a *koło* wersalk**i** dwa fotele. ...

51

Lekcja 4a

Im Restaurant begegneten Sie einem Unbekannten: dem 4. Fall (Akkusativ). Dieser Fall antwortet immer auf die Fragen *wen?* oder *was? (habe ich / möchte ich / bestelle ich / nehme ich / ziehe ich vor, ...)*. Im Augenblick liegt der Schwerpunkt auf dem *was?*, da man sich bei der Bestellung im Restaurant nur auf Sachen bezieht.

Der kleine grammatische Notizzettel im Abschnitt **4a** zeigt die Regel für die Endungen des Akkusativs. Nur bei den weiblichen Wörtern weicht die Endung vom Nominativ ab. Bei den männlichen Wörtern stimmt das Wort mit dem Nominativ überein.

Czy można prosić o **sok** pomarańczowy?	Wezmę **sok** grejpfrutowy.
Poproszę **sok** jabłkowy.	A dla mnie proszę podać **sok**.

– Ich sehe, daß sich bei den Endungen der Eigenschaftswörter auch nichts ändert. Es bleibt bei **-y**.

Ja. Ähnlich ist es bei den sächlichen Wörtern:

> Czy można prosić o jasne **piwo**?
> A dla mnie poproszę **wino** czerwone.
> Wezmę tylko małe **piwo**.

Neu sind die Endungen bei den weiblichen Wörtern:

> Poproszę **wodę** mineralną i Pepsi **Colę**.
> Wezmę **herbatę** ekspresową.
> Czy można prosić o **kawę**?

Die Regel: Weibliche Hauptwörter enden im Akkusativ auf **-ę** und die dazugehörigen Eigenschaftswörter auf **-ą**.

– Und wie ist das in der Mehrzahl?

Im nächsten Teil der Lektion werden Sie sehen, daß in der Mehrzahl der Akkusativ immer dem Nominativ gleicht, auch bei den weiblichen Wörtern.

Zum Schluß noch das Wort *dla – für*. Es verlangt immer den Genitiv.

dla męż**a**	für (meinen/Ihren) Mann	*dla* żon**y**	für (meine/Ihre) Frau
dla pan**a**	für den Herrn / für Sie	*dla* pan**i**	für die Dame / für Sie

– Das ist schön regelmäßig. Aber in dieser Lektion waren auch Beispiele wie: *dla mnie – für mich* und *dla ciebie – für dich*. Haben sie auch etwas mit dem Genitiv zu tun?

Ja. *Mnie* ist der Genitiv von *ja* und *ciebie* kommt von *ty*. Lernen Sie diese beiden Wörter zunächst als feststehende Wendungen, ohne an die Grammatik zu denken.

Lekcja 4 c

In diesem Abschnitt taucht bereits zum zweiten Mal die Vergangenheit (Präteritum) der Tätigkeitswörter auf.

– Zum zweiten Mal? Wo kam sie denn schon vor?

Gleich zu Anfang. Erinnern Sie sich, daß die Formulierung *ich habe nicht verstanden* zwei Entsprechungen im Polnischen hat? Eine Frau sagt *nie zrozumia**łam*** und ein Mann *nie zrozumia**łem***. Die Endung **-łam** benutzt eine Frau, die über sich selbst spricht, **-łem** kommt immer von einem Mann.

In der heutigen Lektion lernen Sie weitere Vergangenheitsformen kennen. Der Kellner wendet sich an die Gäste und fragt, ob sie schon gewählt haben: *Czy państwo już wybrali?*

Die Anrede *państwo* zeigt, daß es sich um die 3. Person Mehrzahl handelt. Für die Anrede von Einzelpersonen gibt es geschlechtsspezifische Endungen:

*Czy pani już wybra**ła**?*
*Czy pan już wybra**ł**?*

Es bleibt noch zu klären, woran jeweils die Endung für die Vergangenheit angehängt wird. In der Regel wird von der Grundform des Tätigkeitswortes die Endung **-ć** abgetrennt und stattdessen die entsprechende Vergangenheitsendung angehängt.

Lekcja 5 a/b

Nun ist mal wieder der Genitiv an der Reihe. Zuerst der *Genitiv der Mengenangabe*. Er steht nach Mengenbezeichnungen und beantwortet die Frage: *Wieviel (von etwas)?*

trochę sok**u**	ein bißchen Saft (etwas von dem Saft)
mało bigos**u**	wenig Bigos (wenig des Bigos')
kromka chleb**a**	eine Scheibe Brot (... des Brotes)
kawałek ser**a**	ein Stückchen Käse (... des Käses)
talerz rosoł**u**	ein Teller Kraftbrühe (... der Kraftbrühe)
szklanka kompot**u**	ein Glas Kompott (... von dem Kompott)
filiżanka kaw**y**	eine Tasse Kaffee (... des Kaffees)
kieliszek wódk**i**	ein Glas Wodka (... des Wodkas)
pół kiełbas**y**	eine halbe Wurst (die Hälfte der Wurst)
plasterek szynk**i**	eine Scheibe Schinken (... vom Schinken)
dużo piw**a**	viel Bier (... von dem Bier)
kieliszek win**a**	ein Glas Wein (... von dem Wein)
troszeczkę masł**a**	ein kleines bißchen Butter (... von der Butter)
trochę grzyb**ów**	etwas Pilze (... von den Pilzen)
kilka pomidor**ów**	einige Tomaten (... von den Tomaten)

– Die Endung **-ów** kennen wir schon. Sie steht wohl in der Mehrzahl, oder?

Ja, aber nur bei männlichen Hauptwörtern. Allerdings nicht bei allen, aber bei den meisten.

– Es ist einzusehen, daß man den Genitiv braucht, um ein Glas *des Saftes* oder *des Weins* anzubieten oder zu bestellen. Aber im ersten Dialog werden keine Mengenangaben genannt und trotzdem stehen die angebotenen Getränke im Genitiv, z. B.: *Napije się pani wina*? Wie kommt das?

Die Mengenangabe wird nur nicht ausdrücklich erwähnt. Es handelt sich aber dennoch um *eine bestimmte Menge von etwas*.

Der Genitiv kommt in folgenden Sätzen in anderer Funktion vor:

nie piję alkohol**u**	ich trinke keinen Alkohol
nie wolno mi pić alkohol**u**	ich darf keinen Alkohol trinken
nie mogę jeść pomidor**ów**	ich darf keine Tomaten essen
nie lubię flak**ów**	ich mag keine Kutteln

In jedem dieser Beispiele wird etwas verneint. Bei Verneinungen steht sehr oft der Genitiv. Ich nenne ihn *Genitiv der Verneinung*. Die Endungen sind ja schon bekannt...

– Bekannt ist gut. Wenn ich spreche, vergesse ich sie immer wieder!

Es dauert sicher noch eine Weile, bis sich alle Regeln und Endungen in der Praxis „durchsetzen". Meine Empfehlung: Nicht ungeduldig werden und einfach abwarten! Und natürlich üben!

Lekcja 5c

Es geht wieder um den Genitiv. Diesmal in Verbindung mit *zamiast – statt, anstelle* und *bez – ohne*. Beide stehen immer mit dem Genitiv.

zamiast sok**u**	statt Saft	*bez* cukr**u**	ohne Zucker
zamiast herbat**y**	statt Tee	*bez* cytryn**y**	ohne Zitrone
zamiast piw**a**	statt Bier	*bez* masł**a**	ohne Butter
zamiast lod**ów**	statt Eis	*bez* grzyb**ów**	ohne Pilze

Im Text der Lektion tauchte eine neue Endung für den Genitiv auf. Haben Sie sie bemerkt?

– Was, noch mehr?! Es nimmt ja kein Ende!

Nur nicht verzweifeln, es geht wirklich nur um eine neue Endung. Schauen Sie die Endung des Eigenschaftswortes im folgenden Beispiel genauer an:
Wolałabym zamiast tego szklankę *mocnej* herbaty.
Ich hätte stattdessen lieber ein Glas *starken* Tee.

Das Eigenschaftswort muß immer im gleichen Fall wie das zu beschreibende Hauptwort stehen. Wenn *herbata* hier im Genitiv steht, muß das Eigenschaftswort *mocna* auch eine Genitivendung erhalten. Merken Sie sich also, daß die weiblichen Eigenschaftswörter im Genitiv die Endung **-ej** bekommen.

Und welche Endung bekommt ein Eigenschaftswort, das vor einem männlichen Wort im Genitiv steht? Diese Endung lautet **-ego**. Sie haben sie schon im Abschnitt **2j** kennengelernt: Uczę się języka *polskiego*. Nun können Sie Ihre Wünsche näher beschreiben:
Wolałbym szklankę soku *jabłkowego*.
Ich hätte lieber ein Glas *Apfel*saft.

In dem Dialog kam noch eine wichtige Redewendung vor, die Sie beim Essen oft brauchen: *nie przepadam za – ich mag... nicht besonders*. Sie erfordert immer den Instrumental.

Nie przepadam za barszcz**em**.	Ich mag Barschtsch nicht besonders.
Nie przepadam za herbat**ą**.	Ich mag Tee nicht besonders.
Nie przepadam za win**em**.	Ich mag Wein nicht besonders.
Nie przepadam za grzyb**ami**.	Ich mag Pilze nicht besonders.

– Da staunt man, was der kleine Dialog an Stoff zum Lernen enthält. Wer hätte das gedacht?

Lekcja 5e

Alle Sätze dieses Abschnitts sind unpersönlich formuliert. Unpersönlich, weil die handelnde Person nicht erwähnt wird. Wann brauchen Sie solche Formulierungen? Immer dann, wenn Sie ausdrücken wollen, *was* (gewöhnlich/allgemein) *getan wird* und nicht *wer* eine bestimmte Handlung ausführt. Schauen Sie sich die Beispiele an:
Na śniadanie *pije się* herbatę.
Zum Frühstück *trinkt man* Tee.
Do zupy *podaje się* chleb.
Zur Suppe *wird* (üblicherweise) Brot *gereicht*.

Den deutschen unpersönlichen Strukturen *man macht etwas* oder *es wird etwas gemacht* entspricht im Polnischen: *robi się*.

Unpersönliche Wendungen werden immer durch die 3. Person Einzahl des jeweiligen Tätigkeitswortes und *się* wiedergegeben.

Lekcja 5g

– Soll das Gedicht etwa auch grammatisch erarbeitet werden?

Nein, es soll als „Nachtisch" nach den „Essenslektionen" genossen werden. Nur auf eine Sache möchte ich aufmerksam machen. Der Kleine schwärmt von einem Himmel *z tortu czekoladowego – aus Schokoladentorte* und von Wölkchen *z waniliowego kremu – aus*

Vanillecreme. Auf der Getränkekarte in der Lektion **4a** kam schon ein Saft *z czarnej porzeczki – aus schwarzen Johannisbeeren* vor. Merke: Um zu sagen, *woraus etwas gemacht/hergestellt wurde*, wird *z* + Genitiv verwendet. Sie können sich ihn als *Genitiv der Herstellung* merken.

Möchten Sie üben? Dann beantworten Sie folgende Fragen: *Z czego robi się ser? – Woraus macht man Käse? – **Z** mleka. Z czego robi się bigos? – **Z** kapusty, **z** mięsa, **z** kiełbasy, ...*

Lekcja 6a

Wie schon gesagt, der Genitiv muß lange geübt werden. Der *Genitiv des Mangels* bietet eine neue Möglichkeit. Die Regel: Was nicht vorhanden ist, wird mit dem Genitiv ausgedrückt.

> Nie ma chleb**a** / ser**a** / cukr**u** / makaron**u** / dżem**u** / olej**u** / agrest**u** / ...
> Nie ma kaw**y** / herbat**y** / margaryn**y** / cebul**i** / col**i** / sol**i** / marchw**i** / ...
> Nie ma piw**a** / win**a** / masł**a** / mlek**a** / ...

Auch der Ausdruck *ani... ani – weder... noch* zieht den Genitiv *(des Mangels)* nach sich.

> Nie ma już *ani* bułek *ani* rogalików.   Es gibt weder Brötchen noch Hörnchen.
> Nie ma *ani* wiśni *ani* czereśni.   Es gibt weder Sauer- noch Süßkirschen.

– Heute kommen weitere Genitivendungen für die Mehrzahl dran, oder? Das **-ów** bei den männlichen Bezeichnungen kenne ich schon. Wie ich aber bei den weiblichen und sächlichen Wörtern vorgehen soll, weiß ich noch nicht.

Wie gesagt: Die meisten männlichen Hauptwörter bekommen im Genitiv die Endung **-ów**. Eine Ausnahme bilden die Wörter mit der Mehrzahlendung **-le**, z. B.: kartof**le**. Hier steht im Genitiv die Endung **-li**, also: kartof**li**.
Nun zu den weiblichen und sächlichen Hauptwörtern. Für sie gilt die Regel: *Keine Endung* im Genitiv Mehrzahl.

> cytryn**a**   kilo cytryn
> malin**a**   kilo malin
> winogron**o**   kilo winogron

– Und wie kommt die Form *bułek* zustande? Wenn es nach der Regel ginge, müßte es doch *bułk* heißen.

Richtig. Aber bei Wörtern, die ohne Endung auf **-k** auslauten und vor dem **-k** keinen Selbstlaut (Vokal) – a, ą, e, ę, i, o, u, y – haben, wird ein **-e-** zur leichteren Aussprache eingeschoben. Sie enden immer auf **-ek**.

gruszk**a**	kilo grusz**ek**	ein Kilo Birnen
truskawk**a**	kilo truskaw**ek**	ein Kilo Erdbeeren
jabłk**o**	kilka jabł**ek**	einige Äpfel
jajk**o**	kilka jaj**ek**	einige Eier

Die Regel erscheint vielleicht zunächst schwierig, aber Sie werden die Formen *trochę truskawek, pół kilo śliwek, pięć jajek*, ... bald ohne zu überlegen benutzen. Sie kommen nämlich sehr oft vor.

– Ein Trost. Ein Tip zum Üben vielleicht noch?

Das einfachste ist, den Laden im Abschnitt **6a** „aufzukaufen": *Poproszę kilo mąki i dwa kilo cukru. Wezmę też 25... Czy można też prosić o...?*

Lekcja 6e

Bisher kennen Sie die Regel: Nach einer Mengenangabe steht immer der Genitiv. Diese Regel muß leider etwas eingeschränkt werden. Nach den Zahlen ...2, ...3, ...4 steht ausnahmsweise der Nominativ Mehrzahl.

1	**2**	**3**	**4**	5	6	7	8	9	10
11	12	13	14	15	16	17	18	19	20
21	**22**	**23**	**24**	25	26	27	28	29	30
31	**32**	**33**	**34**	35	36	37	38	39	40
41	**42**	**43**	**44**	45	46	47	48	49	50
51	**52**	**53**	**54**	55	56	57	58	59	60 usw.

Zum Beispiel:

2 litr**y**, 23 litr**y**, ... 104 litr**y**	**aber:** 10 litr**ów**, ... 586 litr**ów**
2 paczk**i**, 43 paczk**i**, ... 94 paczk**i**	**aber:** 6 pacz**ek**, 60 pacz**ek**, ... 1005 pacz**ek**
2 butelk**i**, 3 butelk**i**, ... 4 butelk**i**	**aber:** 12 butel**ek**, 113 butel**ek**, 1514 butel**ek**

Wenn Sie also eine Zahl nennen und am Ende dieser Zahl (mag sie noch so hoch sein) hört man eine 2, 3 oder 4, dann steht das folgende Hauptwort im Nominativ Mehrzahl. Sonst, auch nach 12, 13 und 14 (da hört man ja am Ende -*naście* und nicht die Zahl selbst), gilt die altbewährte Regel: Jede Mengenangabe erfordert den Genitiv Mehrzahl.

– Das kommt mir bekannt vor. Wir hatten schon mal mit solchen Unregelmäßigkeiten zu tun... War es bei der Altersangabe?

Stimmt. In der zweiten Lektion mußte je nach voranstehender Zahl zwischen *lat* und *lata* und beim Einkaufen zwischen *bilety – biletów, widokówki – widokówek, zdjęcia – zdjęć* unterschieden werden.

Lekcja 6 f–i

Heute geht es um den Vergleich. Bisher können Sie gleiche Sachverhalte vergleichen. Erinnern Sie sich an *To tak jak ja!* in Lektion **1 b**? *Tak jak* heißt: *so wie*. Jetzt geht es um den Vergleich unterschiedlicher Eigenschaften. Dazu benötigen Sie die Steigerung der Eigenschaftswörter. Zum Beispiel: *großes – größeres, kleine – kleinere, teuer – teurer* usw. Wie geht das im Polnischen? Bei den meisten Eigenschaftswörtern wird ganz regelmäßig vor der Endung der Zischlaut **-sz-** eingeschoben:

stary	star**sz**y	star**sz**y brat	der ältere Bruder
młoda	młod**sz**a	młod**sz**a córka	die jüngere Tochter
nowe	now**sz**e	now**sz**e meble	die neueren Möbel

Es gibt aber natürlich wieder eine Ausnahme: Wörter mit **-iejsz-** Einschub, und zwar bei Eigenschaftswörtern, die vor der üblichen Endung einen Mitlaut (Konsonanten) + **n** haben.

cie**mn**y	cie**mniejsz**y but	ein dunklerer Schuh
ja**sn**y	ja**śniejsz**y płaszcz	ein hellerer Mantel
ła**dn**y	ła**dniejsz**y sweter	ein schönerer Pullover

– In dieser Lektion kamen anscheinend nur Ausnahmen vor. Sehr regelmäßig ging es da nicht zu.

Stimmt. Ähnlich wie im Deutschen werden einige der häufigsten Eigenschaftswörter unregelmäßig gesteigert. Sie kommen nicht darum herum, diese Vokabeln zu „pauken".

duży	→	większy	długi	→ dłuższy
mały	→	mniejszy	drogi	→ droższy
krótki	→	krótszy	wąski	→ węższy
szeroki	→	szerszy		

Zum Vergleichen benötigen Sie die Struktur *etwas ist besser / größer / interessanter / ... **als** etwas anderes*. Im Polnischen heißt das: ... *większa / mniejsza / ciekawsza / ...* **niż** ...

> Grupy w Krakowie są więk**sze niż** we Wrocławiu.
> Program w Krakowie jest ciekaw**szy niż** we Wrocławiu.
> **Aber:**
> Program we Wrocławiu jest **mniej interesujący niż** w Krakowie.

Wörter, die auf **-ący** enden, sind ursprünglich keine Eigenschaftswörter, sondern wurden von Tätigkeitswörtern abgeleitet. Sie werden nicht mit Hilfe von **-sz-**, sondern nach dem Muster *bardziej / mniej interesujący – mehr / weniger interessant* gesteigert.

Lekcja 7 a/b

Die Grammatik in diesen Abschnitten beschränkt sich darauf, welche Fälle die Wörter *za, przed, przez* und *na* nach sich ziehen.

Auf die Frage *wo?* steht nach *za* und *przed* immer der Instrumental.

za park**iem**	hinter dem Park	przed Sam**em**	vor dem Supermarkt
za rzek**ą**	hinter dem Fluß	przed poczt**ą**	vor der Post
za skrzyżowan**iem**	hinter der Kreuzung	przed kin**em**	vor dem Kino

Auf die Frage *wohin?* steht nach *za, przed, przez* und *na* immer der Akkusativ.

Proszę jechać za dworzec.	Fahren Sie hinter den Bahnhof.
Musi pani przejść przez most.	Sie müssen über die Brücke gehen.
Trzeba wrócić przed szkołę.	Man muß vor die Schule zurück.
Proszę iść przez osiedle.	Gehen Sie durch das Wohngebiet.
Musi pan jechać na ulicę Kwiatową.	Sie müssen zur Blumenstraße fahren.

Zum Schluß noch eine Ergänzung. Statt *skręcić* oder *pójść* **na** *prawo / lewo* kann man auch sagen *iść* **w** *prawo / lewo*.

Eine grammatikalische Neuheit bieten die Zahlen. Bisher kennen Sie die Grundzahlen (Kardinalzahlen): *jeden, dwa, trzy, cztery,...* Sie beantworten die Frage *wieviel?* In dieser Lektion lernen Sie die Ordnungszahlen (Ordinalzahlen) kennen. Sie beantworten die Frage *der (die, das) wievielte?*

pierwszy plac za dworcem	der erste Platz hinter dem Bahnhof
druga ulica na prawo	die zweite Straße rechts
trzecie skrzyżowanie za rzeką	die dritte Kreuzung hinter dem Fluß
czwarte światła	die vierte Ampel

Die Endungen der Ordnungszahlen unterliegen denselben Regeln wie die Endungen der Eigenschaftswörter.

Lekcja 7 d

Neu ist in diesem Abschnitt der *Instrumental der Beförderungsmittel*. Dieser Erscheinung sollten Sie besondere Aufmerksamkeit widmen, da sie für Deutsche sehr ungewöhnlich ist. Im Deutschen sagt man: *Ich fahre mit der Straßenbahn.* Im Polnischen gibt es keine Entsprechung für dieses *mit*. Man benutzt den reinen Instrumental ohne Verhältniswort (Präposition).

Jadę tramwaj**em**.	Ich fahre mit der Straßenbahn.
Dojadę **tym** tramwaj**em** do dworca?	Komme ich mit dieser Straßenbahn zum Bahnhof?
Któr**ym** autobus**em** dojadę do ZOO?	Mit welchem Bus komme ich zum Zoo?
Czy dojadę dwójk**ą** do centrum?	Komme ich mit der Zwei zum Zentrum?

Lekcja 7 e

Hier wird die Angabe der Richtung besonders geübt. Wie kommt man zu einer bestimmten Straße, einem Platz, einem Objekt?

Wie komme ich zu (einer bestimmten) Straße?

Jak dojść na (ulicę) Dąbrowski**ej**?	(Maria Dąbrowska – Schriftstellerin)
...dojechać na Dąbrowski**ego**?	(Henryk Dąbrowski – Unabhängigkeitskämpfer)
...na osiedle Kopernik**a**?	(Mikołaj Kopernik – Astronom)
...na Plac Weteran**ów**?	(*gemeint:* Veteranen des 2. Weltkrieges)

Namen von Straßen, Plätzen usw., die schon auf dem Straßenschild im Genitiv stehen, behalten diese Form, unabhängig davon, wie der Satz lautet. Die Namen beziehen sich immer auf mehr oder weniger bekannte Personen(gruppen) oder auf geschichtliche Ereignisse.

Namen, die die Endungen eines Eigenschaftswortes haben, müssen Sie davon unterscheiden. In der Anschrift, auf einem Stadtplan oder auf dem Straßenschild lesen Sie: *ul. Zielona – Grüne Straße* oder: *Plac Grunwaldzki – Grünwalder Platz*. Bei diesen Namen ändern sich die Endungen je nach der grammatikalischen Einbettung im Satz.

Którym autobusem dojadę na ulic**ę** Zielon**ą**?
Mit welchem Bus komme ich zur Grünen Straße?

Za Plac**em** Grunwaldzk**im** proszę skręcić w lewo.
Hinter dem Grünwalder Platz biegen Sie nach links ab.

Do Plac**u** Grunwaldzk**iego** musi pan jeszcze jechać dwa przystanki.
Bis zum Grünwalder Platz müssen Sie noch zwei Stationen fahren.

Nun noch einige Hinweise für den Gebrauch von *na* und *do* bei der Richtungsangabe. *Na* wird in der Regel verwendet, wenn die Richtung *zu einer Straße, einem Platz, einem Stadtteil* oder *einem Wohngebiet* angegeben wird. Am Anfang dieser Lektion haben Sie bereits gelernt, daß dieses *na* bei der Richtungsangabe den Akkusativ nach sich zieht.

Jak dojechać *na Pragę*?	Wie komme ich nach Praga (Stadtteil in Warszawa)?
Dojadę siódemką *na Plac Wolności*?	Komme ich mit der Sieben zum Plac Wolności?

Angaben, die nicht ein Gebiet, sondern nur ein einzelnes Objekt (Gebäude) betreffen, werden meist durch die Verbindung *do* + Genitiv ausgedrückt.

Do teatru musi pani jechać czwórką.	Zum Theater müssen Sie mit der Vier fahren.
Czym można dojechać *do szpitala*?	Wie kommt man zum Krankenhaus?
Jak dojść *do Orbisu*?	Wie komme ich zum Orbisbüro?

Lekcja 7 f

Hier geht es wieder um Steigerungsformen. Diesmal werden aber keine Gegenstände, sondern Umstände und Handlungen beschrieben. Schauen Sie sich das Beispiel *często – oft, häufig* an:

Autobus *często* się spóźnia.	Der Bus verspätet sich oft.
Tramwaj jeździ *częściej* niż autobus.	Die Straßenbahn fährt häufiger als der Bus.
Najczęściej jeżdżę tramwajem.	Am häufigsten fahre ich mit der Straßenbahn.

Wenn Sie Handlungen (*tramwaj jeździ często – die Straßenbahn fährt häufig, autobus jedzie szybko – der Bus fährt schnell*) oder Umstände beschreiben (*jest ładnie – es ist schön hier, jest wygodnie – es ist bequem, jest tanio – es ist allgemein billig*), dann benötigen Sie Umstandswörter (Adverbien). Sie enden in der polnischen Sprache entweder auf **-o** oder auf **-e**. Bei der Steigerung werden beide Endungen zu **-(i)ej**: *ładniej, wygodniej, taniej, częściej, szybciej*.

Die höchste Steigerungsstufe erreichen Sie, wenn Sie der Steigerungsform auf **-ej** noch ein **naj-** voranschalten. Dieses **naj-** entspricht dem deutschen *am ... sten*.

W Polsce jada się *najchętniej* chleb z wędliną.
In Polen ißt man *am liebsten* Brot mit Aufschnitt.
Bigos *najlepiej* gotować 2–3 razy po 2 godziny.
Bigos sollte man *am besten* 2–3 mal je 2 Stunden kochen.

Lekcja 7 g

Bei dieser Ortsangabe sollten Sie sich merken: Im zweiten und im dritten Stockwerk hat die Endung **-im**, sonst steht immer **-ym**. Das sind Endungen der Eigenschaftswörter im 6. Fall, dem Lokativ.

na pierwsz**ym** piętrze	im ersten Stock	na czwart**ym** piętrze	im vierten Stock
na drug**im** piętrze	im zweiten Stock	na piąt**ym** piętrze	im fünften Stock
na trzec**im** piętrze	im dritten Stock		

Im Lektionstext begegneten Sie einer Aufforderungsform: *Niech pan zapyta... – Fragen Sie...* Mit dieser Struktur *(niech* + Anrede + 3. Person) können Sie eine Aufforderung, eine Empfehlung, einen Ratschlag äußern, wenn Sie sich an Personen wenden, die Sie siezen.

> *Niech* mi *pani powie*, jak mam to zrobić.
> Sagen Sie mir, wie ich es machen soll.
>
> *Niech pan* może *spróbuje* z nim porozmawiać.
> Versuchen Sie vielleicht, mit ihm zu sprechen.
>
> *Niech pani* tam lepiej nie *idzie*.
> Gehen Sie lieber nicht dorthin.

Lekcja 8 a–c

Bei der Zeitangabe sind Sie im Polnischen auf die Ordnungszahlen angewiesen. Fangen wir mit dem Datum an. Ähnlich wie im Deutschen wird der genaue Tag durch eine Ordnungszahl mit der Endung **-ego** angegeben. Der Monatsname folgt im Genitiv und endet, bis auf den Februar, immer auf **-a**:

> pią**tego** stycznia   *am* fünften Januar (*den* fünften Januar)
> szós**tego** maja   *am* sechsten Mai (*den* sechsten Mai)

Merken Sie sich: Wenn Sie einen Zeit*punkt* angeben wollen, müssen Sie auf die Ordnungszahlen zurückgreifen. Wollen Sie aber einen zeitlichen *Abstand* bemessen, benötigen Sie weiterhin die Grundzahlen. Der Zeitabstand wird mit der Konstruktion *za* + Akkusativ wiedergegeben:

> *za tydzień, za miesiąc, za rok*
> in einer Woche, in einem Monat, in einem Jahr
>
> *za* **dwa** *dni, za* **trzy** *tygodnie, za* **cztery** *miesiące, za* **pięć** *lat*
> in zwei Tagen, in drei Wochen, in vier Monaten, in fünf Jahren.

Ein begrenzter Zeitabschnitt wird durch die Konstruktion *od* + Genitiv... *do* + Genitiv – *von... bis* ausgedrückt:

> **od** piątego **do** dwunastego marca   von fünften bis zwölften März
> **od** maja **do** listopada   von Mai bis November
> **od** wiosny **do** zimy   von Frühjahr bis Winter

Lekcja 8 d

Wenn Sie den Vorschlag machen, etwas gemeinsam zu unternehmen, müssen Sie unterscheiden zwischen

– dem Ziel, wohin Sie gehen möchten, d. h. der Richtungsangabe (**7 d–e**): *pójdziemy **do** kina / **na** stadion (Sportplatz)* und
– dem Zweck, dem Anlaß: *pójdziemy **na** film / **na** mecz (Wettkampf) / **na** lody / **na** imieniny*.

Lekcja 9 a–d

Diesmal geht es um die Uhrzeit. Sie wird im Polnischen anders als im Deutschen gebildet. Der grundsätzliche Unterschied besteht darin, daß die Stunden durch Ordnungszahlen (erste, zweite, dritte ... Stunde), die Minuten aber durch Grundzahlen (*jedna, dwie, trzy ...*), wiedergegeben werden.

Bei der Antwort auf die Frage *Która godzina? – Wie spät ist es?* haben die Ordnungszahlen immer die Endung **-a**, weil *godzina* weiblich ist:

9.30	dziewią**ta** trzydzieści	20.25	dwudzies**ta** dwadzieścia pięć
11.40	jedenas**ta** czterdzieści		

Bei der Antwort auf die Frage *O której godzinie? – Um wieviel Uhr?* haben die Ordnungszahlen immer die Endung **-ej**.

um 1.10	**o** pierwsz**ej** dziesięć	um 22.40	**o** dwudziest**ej** drug**iej** czterdzieści
um 8.15	**o** ósm**ej** piętnaście		

Bei der Zugauskunft werden manchmal die Abfahrts-/Ankunftszeiten in einer Kurzform genannt. Statt: *Pociąg odjeżdża **o** dziewiętnast**ej** dziesięć* hören Sie: *Pociąg odjeżdża dziewiętnas**ta** dziesięć*.

Lekcja 9i

Die polnische umgangssprachliche Zeitangabe wird ähnlich wie im Deutschen gebildet. Schauen Sie sich das Schema auf Seite 56 genau an.
Die ersten 20–25 Minuten nach einer vollen Stunde werden wiedergegeben durch:

*dwadzieścia (minut) **po** siódm**ej*** (blauer Bereich)
zwanzig (Minuten) nach sieben

Genauso die ersten 5–10 Minuten nach einer halben Stunde:

*trzy **po** wpół do ósm**ej*** (*wpół do* immer wie ein Wort aussprechen!)
drei nach halb acht

Anders verhält es sich mit dem (roten) Bereich vor einer vollen Stunde. Hier müssen sie mit *za* beginnen:

za dziesięć *(minut)* szós*ta*
zehn vor sechs (*wörtlich:* in zehn (Minuten) sechs (Uhr))

za pięć wpól do trzeci*ej* –
fünf vor halb drei (*wörtlich:* in fünf (Minuten) halb drei)

Diese Formen bleiben immer dieselben, gleichgültig, ob die Frage *wie spät ist es (jetzt)?* oder *um wieviel Uhr?* lautet.

Lekcja 10a

In den nächsten Lektionen geht es wieder um Tätigkeitswörter. Zunächst das unregelmäßige *iść – gehen*:

i**dę**	ich gehe
idziesz	du gehst
idzie	er/sie geht
idziemy	wir gehen
idziecie	ihr geht
i**dą**	sie gehen

Es kommt häufig vor, daß die erste und die letzte Form von den übrigen Formen abweichen.

Weitere Beispiele:

jechać	jad**ę**	móc	mog**ę**	musieć	musz**ę**
fahren	jedziesz	können	możesz	müssen	musisz
	jedzie		może		musi
	jedziemy		możemy		musimy
	jedziecie		możecie		musicie
	ja**dą**		mo**gą**		mu**szą**

Durch verschiedene Vorsilben *(po-, przy-, prze-, wy-, do-, na-, z-, ...)* bekommt das Wort eine neue Bedeutung. Die Endungen bleiben immer gleich. Ein **i-** am Wortanfang *(iść)* wird zu **-j-**, sobald es im Wortinnern steht: *pójść, przyjść, dojść, ...*

pó**j**ść	pó**j**dę	przyjechać	przyjadę
(hin)gehen	pó**j**dziesz	kommen	przyjedziesz
	pó**j**dzie		przyjedzie
	...		...

Lekcja 10 c

Es ist nun höchste Zeit, das Thema *unvollendete/vollendete Tätigkeitswörter (imperfektive/perfektive Verben)* anzusprechen. Vereinfacht kann man sagen: Fast alle Tätigkeitswörter bilden im Polnischen ein Paar. Das eine Wort nennt eine entweder *(noch) andauernde* oder eine *immer wiederkehrende Tätigkeit* (z. B. *pisać*), das andere Wort gibt die *einmalige, schon vollzogene Tätigkeit* an (z. B. *napisać*).

Sie brauchen die Wörter der ersten Gruppe – die unvollendeten Wörter –, wenn Sie sagen wollen,

– was Sie *gerade machen:*

> Nie mam teraz czasu, bo *piszę* list.
> Ich habe jetzt keine Zeit, weil ich *gerade* einen Brief *schreibe.*

– was Sie *oft, mehr oder weniger regelmäßig, tun:*

> Ostatnio *piszę* rzadko, bo nie mam czasu.
> In der letzten Zeit *schreibe* ich *selten,* weil ich nicht dazu komme.

Mit Hilfe der unvollendeten Tätigkeitswörter können Sie auch über vergangene und zukünftige Handlungen berichten. Die entsprechenden Formen lernen Sie später.

Die Wörter der zweiten Gruppe – die vollendeten Wörter – verwenden Sie, wenn Sie erzählen, *was Sie getan haben* (dazu kennen Sie bisher nur wenige Beispiele) oder *was Sie tun werden / müssen / sollen / können / dürfen.* Gemeint ist dabei immer eine *einmalige, abgeschlossene Handlung.* Es ist nicht möglich, mit diesen Tätigkeitswörtern von der Gegenwart zu sprechen. Sie beziehen sich immer auf die Resultate von vergangenen oder zukünftigen Handlungen.

> Jutro *napiszę* ten list, bo dziś nie mam czasu.
> Ich *werde* morgen diesen Brief *schreiben*, weil ich heute keine Zeit habe.
>
> Jeszcze dzisiaj *muszę napisać* ten list.
> Noch heute *muß* ich diesen Brief *schreiben.*

Die Wortpaare in dem Brief an Karin lauten:

> *dziękować – podziękować*
> Dziękuję Ci za ...   Ich danke Dir für ...
> Chciałabym Ci podziękować za ...   Ich möchte mich bei Dir für ... bedanken.
>
> *pytać – zapytać*
> Pytasz, co nowego.   Du fragst nach Neuigkeiten.
> Czy można zapytać, ...?   Darf ich mal fragen, ...?

> *wstawać – wstać*
>
> | | |
> |---|---|
> | Rano wstaję o piątej. | Ich stehe (gewöhnlich) um fünf Uhr auf. |
> | Jutro muszę wstać wcześniej. | Morgen muß ich früher aufstehen. |
>
> *myć się – umyć się / ubierać się – ubrać się*
>
> | | |
> |---|---|
> | Potem myję się i ubieram. | (Gewöhnlich) wasche ich mich dann und ziehe mich an. |
> | Muszę się szybko umyć. | Ich muß mich mal eben schnell waschen. |
>
> *robić – zrobić*
>
> | | |
> |---|---|
> | Po pracy robię zakupy. | Nach der Arbeit mache ich (gewöhnlich) Einkäufe. |
> | Zakupy mogę zrobić dopiero potem. | Einkäufe kann ich erst danach machen. |
>
> *jeść – zjeść*
>
> | | |
> |---|---|
> | Obiad jemy po 16-ej. | Zu Mittag essen wir (gewöhnlich) nach 16 Uhr. |
> | Najpierw trzeba coś zjeść. | Zuerst müssen wir etwas essen. |

Woran können Sie nun erkennen, ob ein Tätigkeitswort die einmalige vollendete Tätigkeit oder die mehrfache andauernde Tätigkeit bezeichnet?

Dazu gibt es leider keine allgemeine Regel. Im Laufe der Zeit werden Sie ein Gefühl dafür entwickeln, das sich auf die gehörte / gelesene Erfahrung stützt. Am Anfang sind Sie auf die Angaben, zum Beispiel im Wörterbuch, angewiesen. Dort werden die vollendeten Tätigkeitswörter oft mit der Abkürzung *perf.* für *perfektiv = vollendet* gekennzeichnet. In der Liste der bisher bekannten Tätigkeitswörter – Übung (158) im Arbeitsbuch – sind die vollendeten Wörter mit Sternchen gekennzeichnet.

Einige Hinweise:

1. Bei Wortpaaren wie: *pisać – **na**pisać, robić – **z**robić, prosić – **po**prosić, dzwonić – **za**dzwonić, pić – **wy**pić, ...* bezeichnet das Wort mit der Vorsilbe die vollendete Tätigkeit.

2. Vollendet sind auch Wörter, die auf **-nąć** enden: *zamk**nąć** – schließen, sta**nąć** – stehenbleiben, uśmiech**nąć** się – lächeln.*

3. Eine weitere Hilfe bieten begleitende (Signal)Wörter: *ani razu – kein einziges Mal, nagle – plötzlich, następnie – anschließend, jeszcze raz – noch einmal, od razu – auf Anhieb, zaraz – gleich, w tym momencie – in diesem Augenblick, zdążyć – rechtzeitig schaffen, pomagać – helfen, próbować – versuchen, zanim – bevor, aby/żeby – um ... zu ...* Sie stehen meistens (also nicht immer!) in Verbindung mit vollendeten Tätigkeitswörtern.

4. Wörter wie *być, żyć – leben, mieć, pracować, spać – schlafen, studiować, ...* geben von Natur aus einen andauernden Zustand wieder.

5. Unvollendet sind auch alle Tätigkeitswörter, die auf **-ywać** enden: *przygotow**ywać** – vorbereiten, otrzym**ywać** – erhalten, bekommen.*

6. *Ciągle – ständig, czasem – manchmal, za każdym razem – jedesmal, jakiś czas – eine Zeitlang, długo – lange, dalej – weiterhin, zawsze – immer* ziehen häufig unvollendete Tätigkeitswörter nach sich.

Lekcja 10 d

In allen drei Berichten begegnen Sie den Formen *swój, swoja, swoje*. Sie ähneln den besitzanzeigenden Fürwörtern *mój, twoja, ...* Auch die Bedeutung ist ähnlich, sie hat etwas mit *eigen* zu tun. Sämtliche Formen der besitzanzeigenden Fürwörter (*mój, twój, jego, jej, nasz, wasz, ich*) werden durch *swój, swoja, swoje* ersetzt, wenn es sich um den Besitz oder das Eigentum des Satzgegenstands handelt: *swój, swoja, swoje* = mein (eigener), deine (eigene), sein (eigenes), ...

Czy **(ja)** lubię **swoją** pracę?	Ob **ich meine** Arbeit mag?
Czy **(ja)** jestem zadowolony ze **swojej** pracy?	Ob **ich** mit **meiner** Arbeit zufrieden bin?
(Ja) mogę uporządkować **swoje** notatki.	**Ich** kann **meine** Notizen ordnen.
Gdzie **(ty)** masz **swoje** rzeczy?	Wo hast **du deine** Sachen?
Irena **(ona)** przejdzie ze **swoim** mężem.	Irena kommt mit **ihrem** Mann.
(My) Mieszkamy w **swoim** domu.	**Wir** wohnen in **unserem** (eigenen) Haus.
Kiedy **(wy)** pokażecie nam **swoje** mieszkanie?	Wann zeigt **ihr** uns **eure** Wohnung?
Oni są teraz u **swoich** dzieci.	**Sie** sind jetzt bei **ihren** Kindern.

Ähnlich verhält es sich mit *sobie*. Es steht immer dann, wenn der Sprecher sich auf sich selbst bezieht. Es paßt zu jeder grammatischen Person und antwortet auf die Frage: *Wem?*

Muszę załatwić **sobie** jakąś pracę.	**Ich** muß **mir** einen Job organisieren.
Musisz załatwić **sobie** jakąś pracę.	**Du** mußt **dir** einen Job organisieren.
On musi załatwić **sobie** jakąś pracę.	**Er** muß **sich** einen Job organisieren.
My ...	**Wir** ...

Lekcja 11 a

Die Wendung *interesować się czymś – sich für etwas interessieren* steht immer mit dem reinen Instrumental, also ohne Verhältniswort.

Interesuję się sport**em**.	Ich interessiere mich für Sport.
Najbardziej interesuję się polityk**ą**.	Am meisten interessiere ich mich für Politik.
Nie interesuję się malarstw**em**.	Ich interessiere mich nicht für Malerei.

Lekcja 11 c

Die Frage *Jak zapamiętać? – Wie kann man (soll man) sich das merken?* zeigt eine häufig gebrauchte Struktur im Polnischen. Sie besteht immer aus einem Fragewort (*hier:* jak) und der Grundform eines Tätigkeitswortes. Diese Struktur bedeutet, daß man *etwas tun sollte / könnte / müßte*. Sie wird nicht nur bei Fragen verwendet:

> *Jak uczyć się słówek?*
> Wie soll man / kann man Vokabeln lernen?
>
> Nie mam pojęcia, *jak powtarzać* przerobiony materiał.
> Ich habe keine Ahnung, wie man den durchgenommenen Stoff wiederholen soll.
>
> To podręcznik o tym, *jak prowadzić* korespondencję.
> Es ist ein Lehrbuch darüber, wie man Korrespondenz führt.
>
> Zastanawiam się, *jak* mu *pomóc*.
> Ich überlege, wie man ihm helfen kann.
>
> Powiedz mi, *kiedy przyjść*.
> Sag mir, wann ich kommen soll.
>
> Nie narzekaj, tylko poradź mi, *w co się ubrać*.
> Meckere nicht, sondern rate mir, was ich anziehen soll.
>
> Nie wiem, *gdzie iść*.
> Ich weiß nicht, wo ich hingehen soll / könnte.

Nun zum nächsten Kapitel: Wie verwandelt man Tätigkeitswörter in Hauptwörter. Zum besseren Verständnis ein deutsches Beispiel: *lernen – das Lernen*. Wie macht man das im Polnischen?

Tätigkeitswörter mit der Endung **-ać** bilden Hauptwörter auf **-anie**.

> *powtarzać – powtarzanie*
> Zaleca się częste powtarzanie słówek.
> Es wird ein häufiges Wiederholen der Vokabeln empfohlen.
>
> *przepisywać – przepisywanie*
> Przepisywanie tekstów bardzo pomaga pamięci.
> Das Abschreiben der Texte hilft dem Gedächtnis sehr.

Tätigkeitswörter mit den Endungen **-eć, -ić, -yć** bilden Hauptwörter auf **-enie**.

zrozumieć – zrozumienie
Przez tłumaczenie można sprawdzić zrozumienie polskich wyrażeń.
Durch das Übersetzen kann man das Verständnis polnischer Ausdrücke überprüfen.

robić – robienie
Ona zaleca mu robienie list z nowymi słówkami.
Sie empfiehlt ihm das Anfertigen von Vokabellisten.

uczyć się – uczenie się
Uczenie się za pomocą kaset kosztuje mniej czasu.
Das Lernen mit Hilfe von Kassetten kostet weniger Zeit.

Ausgenommen von dieser Regel sind einsilbige Tätigkeitswörter, die auf **-ić** oder **-yć** enden (sie bekommen die Endung **-cie**) sowie Wörter mit der Endung **-ąć** (sie bilden Hauptwörter mit der Endung **-ęcie**).

pić – picie
być – bycie
wziąć – wzięcie

Alle von Tätigkeitswörtern abgeleiteten Hauptwörter sind sächlich, denn sie enden auf **-e**. Je nach dem im Satz benötigten Fall verändert sich die Endung.

Uczenie się przez uzupełnianie luk zapewnia sukces. (... sichert den Erfolg.)
Metoda *uczenia się* przez uzupełnianie zapewnia sukces.
Inge nie interesuje się *uczeniem się* na pamięć.

Lekcja 11 d

Heute lernen Sie eine grammatische Form kennen, der Sie häufig in der Schriftsprache begegnen werden. Mit ihrer Hilfe wird die Gleichzeitigkeit von Handlungen ausgedrückt:

Powtarzając stare ćwiczenia utrwalam przerobiony materiał.
Ich festige den durchgenommenen Stoff, *indem ich* alte Übungen *wiederhole*.

Die Form *powtarzając* kann man wörtlich durch *wiederholend* übersetzen. Wenn Sie die wörtliche Übersetzung berücksichtigen, können Sie die polnische Ausdrucksweise besser nachvollziehen: Alte Übungen *wiederholend*, festige ich den durchgenommenen Stoff.
Diese Struktur zum Ausdruck gleichzeitig stattfindender Handlungen wird aus ökonomischen Gründen (man spart ganze Sätze) gern in der Schriftsprache verwendet. Sie sollten Sie deshalb in erster Linie erkennen und wissen, was sie bedeutet. Aktiv anwenden müssen Sie sie nicht.

Das Erkennungsmerkmal dieser Form ist: ... ąc = ... end.

Immer, wenn in einem Satz ein Tätigkeitswort mit der Endung -ąc erscheint, haben Sie es mit der Gleichzeitigkeit von Handlungen zu tun. Gebildet wird diese Form, indem man an die 3. Person Mehrzahl – die ja immer auf -ą endet – ein -c anhängt.

robić	oni robią	robiąc
machen	sie machen	machend
czytać	oni czytają	czytając
lesen	sie lesen	lesend

Sehen Sie sich noch einmal die Beispiele des Lektionsabschnittes und ihre deutschen Entsprechungen an:

Słuchając polskiego radia trenuję zrozumienie ze słuchu.
Indem ich den polnischen Rundfunk höre, trainiere ich das Hörverstehen.

Korzystając ze wskazówek możesz zacząć uczyć się bardziej efektywnie.
Wenn du die Hinweise nutzt, kannst du anfangen, viel effektiver zu lernen.

Nun zu einer weiteren Funktion der -ąc-Form. Wird die Endung -ąc- um die Endung der Eigenschaftswörter erweitert, können mit dieser Form Sachen, Personen und Umstände beschrieben werden.

brakować	brakując	brakujące słowa
fehlen	fehlend	fehlende Worte
nadarzyć się	nadarzając się	nadarzająca się okazja
sich bieten	sich bietend	eine sich bietende Gelegenheit

Diese Formen sind sowohl in der schriftlichen als auch in der mündlichen Sprache geläufig.

Lekcja 12b

In dem kleinen Dialog über den Streit mit Piotr sind fast alle Formen der persönlichen Fürwörter (Personalpronomen) im Instrumental (auf die Frage *mit wem?*) enthalten. Zugegeben, das kam nicht ganz zufällig zustande.

ze mną	mit mir	z nami	mit uns
z tobą	mit dir	z wami	mit euch
z nim	mit ihm	...	mit ihnen
...	mit ihr		

Es bleiben noch zwei Lücken. Die weiblichen Wörter enden im Instrumental immer auf **-ą**. Diese Regel gilt auch hier – *mit ihr* heißt *z nią*. Und *mit ihnen* heißt auf polnisch *z nimi*.

Jutro się *z nią* spotkam.	Ich werde mich morgen mit ihr treffen.
Muszę *z nimi* o tym porozmawiać.	Ich muß mit ihnen darüber reden.
Później pożegnam się *z nimi*.	Ich werde mich später von ihnen verabschieden.

Lekcja 12 d

In diesem Lied wird der Sommer aufgefordert, auf die Schüler zu warten, sich auf ihren Besuch vorzubereiten und sich noch etwas zu gedulden. Das Lied bietet Gelegenheit, die Aufforderungsformen (Imperative) anzuschauen.

bądźcie zdrów	bleibt gesund
nie płacz czasem	weine bloß nicht
czekaj z lasem	warte zusammen mit dem Wald
schowaj w lesie chłodny cień	verstecke im Walde den kühlen Schatten

Die zwei letzten Beispiele zeigen die Bildung von Aufforderungsformen bei den Tätigkeitswörtern der **a**-Gruppe. Wird *eine* Person angesprochen, hängt man an die Form der 3. Person Einzahl ein **-j** an. Richtet sich die Aufforderung an *mehrere* Personen, müssen Sie noch zusätzlich die Endung **-cie** der 2. Person Mehrzahl anhängen.

słuchać	on słucha	słucha**j**!	słucha**jcie**!
zuhören	er hört zu	hör zu!	hört zu!
czytać	on czyta	czyta**j**!	czyta**jcie**!
lesen	er liest	lies!	lest!

Eingehender werden die Aufforderungsformen in Lektion **17** behandelt.

Lekcja 12 e/f

Jetzt werden die Vergangenheitsformen systematisch erarbeitet. Bisher kamen sie nur vereinzelt vor. Sie wissen inzwischen, daß im Polnischen zwischen männlichen und weiblichen Formen unterschieden wird. Schauen Sie sich die Bildung der Vergangenheit zunächst an einem regelmäßigen Beispiel an: *być – sein*. Von der Grundform läßt man das **-ć** weg und hängt statt dessen die entsprechende Endung der Vergangenheitsform an.

-łem	wenn ein Mann von sich selbst spricht	**-łam**	wenn eine weibliche Person von sich selbst spricht
-łeś	wenn man sich per du an eine männliche Person wendet	**-łaś**	wenn man sich per du an eine weibliche Person wendet

-ł	wenn man von einer männlichen Person/Sache spricht *und* wenn man die Anrede *pan* benutzt	**-ła**	wenn man von einer weiblichen Person/Sache spricht *und* wenn man die Anrede *pani* benutzt
		-ło	wenn man von sächlichen Lebewesen (einem Kind, einem Jungtier)/Sachen spricht *oder* unpersönliche Formulierungen verwendet (es regnete, es war schön)

Die Vergangenheitsformen von *być* lauten:

by**łem**	ich war	by**łam**	ich war	–	
by**łeś**	du warst	by**łaś**	du warst	–	
by**ł**	er war	by**ła**	sie war	by**ło**	es war

Soviel zu den Formen in der Einzahl. Die Mehrzahl folgt im Abschnitt **13 b**.

In diesem Abschnitt begegneten Sie auch dem 6. Fall (Lokativ). Er liefert Informationen auf die Frage *wo?*.

na zachodzie	im Westen
na wschodzie	im Osten
na północy	im Norden
na południu	im Süden

Die Beispiele zeigen, daß es keine „handliche" Regel für die Endungen des Lokativs gibt. Eine Ausnahme besteht bei Ländernamen. Die polnischen Bezeichnungen für die meisten (aber nicht nur) europäischen Länder enden im Nominativ auf **-ia** oder **-ja**. Im Lokativ verwandelt sich das **-a** in ein **-i**.

Angl**ia**	w Angl**ii**	Franc**ja**	we Franc**ji**
Belg**ia**	w Belg**ii**	Szwec**ja**	w Szwec**ji**
Dan**ia**	w Dan**ii**	Turc**ja**	w Turc**ji**

Manche Ländernamen weichen davon aber völlig ab: *we Włoszech, na Węgrzech, w NRD, w RFN(-ie), w Polsce, w Związku Radzieckim*. Da die Regeln, die diesen Formen zugrunde liegen, umfangreich und kompliziert sind, sollten Sie die angegebenen Formen des Lokativs als feststehende Wendungen lernen.

Lekcja 13 b

Nun zu den Vergangenheitsformen in der Mehrzahl. Die Endungen sind hier, ähnlich wie in der Einzahl, wieder „doppelt" vorhanden. Die Einteilung ist allerdings nicht mehr so konsequent. Während für männliche Wesen nur die **-li**-Endungen zur Verfügung stehen, werden weibliche Personen (je nach Begleitung) sowohl mit **-li-** als auch mit **-ły-** bezeichnet.

-liśmy	wenn in der Gruppe zumindest eine männliche Person ist	-łyśmy	wenn in der Gruppe nur weibliche Personen sind
-liście	wenn man sich an eine Gruppe mit zumindest einer männlichen Person per du wendet	-łyście	wenn man sich an eine Gruppe von Frauen, Kindern, Tieren per du wendet
-li	wenn man von Personen spricht, unter denen sich zumindest ein Mann befindet, *und* wenn man die Anrede *państwo* oder *panowie* verwendet	-ły	wenn man von Frauen, Kindern, Tieren, Sachen spricht *und* wenn man die Anrede *panie* verwendet

Einige Beispiele:

Zrezygnowa**liśmy** z urlopu.	Wir haben auf den Urlaub verzichtet.
Mieszka**liście** w hotelu?	Habt ihr im Hotel gewohnt?
Sąsiedzi pomaga**li** nam przy tym.	Die Nachbarn halfen uns dabei.
Wczoraj posz**łyśmy** na spacer.	Gestern sind wir spazierengegangen.
Wysła**łyście** mój list?	Habt ihr meinen Brief abgeschickt?
Nie podoba**ły** mi się jego meble.	Seine Möbel haben mir nicht gefallen.
Czy państwo dosta**li** nasz list?	Haben Sie unseren Brief bekommen?
Czy panowie by**li** kiedyś w Gdańsku?	Waren Sie schon mal in Gdańsk?
Czy panie widzia**ły** już ten film?	Haben Sie diesen Film schon gesehen?

Die Anredeformen können statt mit der 3. Person Mehrzahl auch mit der 2. Person Mehrzahl verbunden werden: *Dostaliście państwo nasz list? Widziałyście już panie ten film?*

Bei der Bildung der Vergangenheit haben Sie gelernt, daß die Endungen anstelle des -ć an die Grundform angehängt werden. Leider gibt es dabei wieder eine Ausnahme. Tätigkeitswörter, deren Grundform auf -eć endet, verhalten sich anders. Das -e- verträgt sich nicht mit Endungen, die mit -ł beginnen und wird deswegen durch ein -a- ersetzt. Folgt kein -ł, sondern ein -li, bleibt es beim -e-.

mieć	miałem	miałam	chcieć	chciałem	chciałam
	miałeś	miałaś		chciałeś	chciałaś
	miał	miała		chciał	chciała
	mieliśmy	miałyśmy		chcieliśmy	chciałyśmy
	mieliście	miałyście		chcieliście	chciałyście
	mieli	miały		chcieli	chciały

Abschließend noch die unregelmäßigen Formen des Tätigkeitswortes *iść* und seine Zusammensetzungen.

iść	**szed**łem	**sz**łam	przyjść	przy**szed**łem	przy**sz**łam
	szedłeś	**sz**łaś		przy**szed**łeś	przy**sz**łaś
	szedł	**sz**ła		przy**szed**ł	przy**sz**ła
	szliśmy	**sz**łyśmy		przy**sz**liśmy	przy**sz**łyśmy
	szliście	**sz**łyście		przy**sz**liście	przy**sz**łyście
	szli	**sz**ły		przy**sz**li	przy**sz**ły

Den Ausgangspunkt für die Vergangenheitsformen von *iść* bildet also **sz-**; ausgenommen sind die männlichen Formen in der Einzahl. Allerdings verwenden viele Polen – vor allem in der Umgangssprache – *poszłem* statt *poszedłem* und *poszłeś* statt *poszedłeś*.

Das Beispiel *przyjść* zeigt, daß sich die zusammengesetzten Wörter nach dem Grundmuster von *iść* richten. Der einzige Unterschied besteht in der Vorsilbe.

Lekcja 15 h

Hier geht es um die Möglichkeitsform (Konjunktiv). Wie können Sie ausdrücken *was wäre, wenn…?* oder *wenn das und das (nicht) passiert wäre, würde…?* Für den Ausdruck solcher Annahmen oder Vermutungen brauchen Sie die Vergangenheitsformen und die folgenden Beiwörter:

bym	byśmy
byś	byście
by	by

Diese Beiwörter werden in den Möglichkeitssätzen an die Formen der 3. Person Einzahl oder der 3. Person Mehrzahl der Tätigkeitswörter angehängt.

zadzwoni**ł**	zadzwoni**ła**	
zadzwoni**łbym**	zadzwoni**łabym**	ich würde anrufen, ich hätte angerufen
zadzwoni**łbyś**	zadzwoni**łabyś**	du würdest anrufen, du hättest angerufen
zadzwoni**łby**	zadzwoni**łaby**	er/sie würde anrufen, er/sie hätte angerufen
zadzwoni**li**	zadzwoni**ły**	
zadzwoni**libyśmy**	zadzwoni**łybyśmy**	wir würden anrufen, wir hätten angerufen
zadzwoni**libyście**	zadzwoni**łybyście**	ihr würdet anrufen, ihr hättet angerufen
zadzwoni**liby**	zadzwoni**łyby**	sie würden anrufen, sie hätten angerufen

In Nebensätzen, die Bedingungen ausdrücken, werden die Beiwörter von dem Tätigkeitswort getrennt und an das einleitende Wörtchen *gdy – wenn* angehängt.

Gdy**bym** chciał, został**bym** w domu.
Wenn ich es wollte, würde ich zu Hause bleiben.

Mogli**byśmy** pójść do kina, gdy**byś** miała na to ochotę.
Wir könnten ins Kino gehen, wenn du Lust dazu hättest.

Gdy**byśmy** mogli, pojechali**byśmy** już dziś na urlop.
Wenn wir könnten, würden wir schon heute in Urlaub fahren.

Die Beiwörter können auch alleine stehen:

Ja **bym** chętnie tam pojechała.
Ich würde gerne dahin fahren.

Jak **byś** to powiedziała?
Wie würdest du das sagen?

Czy on **by** to zrozumiał?
Würde er das denn verstehen?

Chyba **byście** wiedzieli o tym wcześniej niż my.
Ihr würdet wohl früher davon erfahren als wir.

Die Beiwörter stehen immer (nicht unbedingt direkt) vor dem Tätigkeitswort.

Lekcja 17 a

Von den großen Grammatikthemen fehlt noch die Zukunft (Futur). Dabei haben Sie wieder mit *unvollendeten und vollendeten Tätigkeitswörtern* zu tun. Bei den vollendeten Tätigkeitswörtern brauchen Sie keine neuen Formen zu lernen. Die Wörter bekommen die Endungen der Gegenwart, die ja bekannt sind. Diese Formen stehen für zukünftige Handlungen, da vollendete Tätigkeitswörter grundsätzlich keine Gegenwart ausdrücken können. Wenn ein vollendetes Tätigkeitswort keine Vergangenheitsendung aufweist, handelt es sich demnach immer um zukünftiges Geschehen.

To uwolni cię od kłopotów.	Es wird dich von Problemen befreien.
Już niedługo poczujesz poprawę.	Bald wirst du eine Besserung spüren.
To pomoże ci poprawić sytuację.	Es wird dir helfen, die Situation zu verbessern.
Poznasz nową osobę.	Du wirst eine neue Person kennenlernen.

Wenn von unvollendeten, länger andauernden oder mehrmaligen Handlungen in der Zukunft die Rede ist, muß – ähnlich wie im Deutschen – ein Hilfszeitwort verwendet werden.

będę pracować	**oder:**	*będę* pracował / -ła
będziesz żałować		*będziesz* żałował / -ła
będzie się uczyć		*będzie* się uczył / -ła
będziemy się starać		*będziemy* się starali / -ły
będziecie szukać		*będziecie* szukali / -ły
będą podróżować		*będą* podróżowali / -ły

Es gibt zwei Möglichkeiten: Entweder nach dem vertrauten Muster *Hilfszeitwort + Grundform* oder *Hilfszeitwort + 3. Person Vergangenheit*.

...*będziesz* musiał walczyć.	...wirst du kämpfen müssen.
Zadanie *będzie* wymagało od ciebie...	Die Aufgabe wird von dir... erfordern.
...bo *będziesz* żałować.	...sonst wirst du bereuen.
...które *będą* ci prawić komplementy.	...die dir Komplimente machen werden.
...bo inaczej *będziesz* miał kłopoty.	...sonst wirst du Probleme haben.
Później nie *będziemy* mogli przyjść.	Später werden wir nicht kommen können.

Es macht in der Regel keinen Unterschied, ob Sie die Grundform oder die Vergangenheit verwenden. Nur bei den Wörtern *chcieć, musieć, móc* **müssen** Sie die Vergangenheit benutzen. Diese Einschränkung gilt für alle Strukturen mit zwei Tätigkeitswörtern im Satz. Die genannten Beispiele kommen ja immer in Kombination mit weiteren Tätigkeitswörtern vor.

Ich werde sein, du wirst sein,... wird mit *będę, będziesz,...* ohne ein Zusatzwort ausgedrückt.

Jutro *będę* cały dzień w domu.	Morgen werde ich den ganzen Tag zu Hause sein.
Kiedy *będziesz* tutaj?	Wann wirst du hier sein?
Będzie pani jutro w pracy?	Werden Sie morgen auf der Arbeit sein?
Tak *będzie* chyba najlepiej.	So wird es wohl am besten sein.
Będziemy punktualni.	Wir werden pünktlich sein (kommen).
Gdzie *będziecie* po obiedzie?	Wo werdet ihr nach dem Mittagessen sein?
To na pewno *będą* udane wakacje.	Es werden sicherlich gelungene Ferien sein.

Ähnlich wie im Deutschen besteht oft auch im Polnischen die Möglichkeit, die Tätigkeitswörter statt in der Zukunft in der Gegenwart (Präsens) zu benutzen.

Jutro *pójdę* na zakupy.	Jutro *idę* na zakupy.
Później nie *będę miał* czasu.	Później nie *mam* czasu.

Nun noch einmal zu den bereits in Abschnitt **12 d** angesprochenen Aufforderungsformen. Sie haben gelernt, daß die Tätigkeitswörter der **a**-Gruppe die Aufforderungsform nach der Regel *3. Person Einzahl* + ***j*** bilden.

Eine ebenso eindeutige Regel gibt es für die große Gruppe der Tätigkeitswörter auf **-ować** und **-ywać**, die zur **e**-Gruppe gehören: *3. Person Einzahl ohne die Endung* **-e**.

rezygnować	rezygnuje	nie rezygnu**j**!
aufgeben	er gibt auf	gib nicht auf!
denerwować się	denerwuje się	nie denerwu**j** się!
sich aufregen	er regt sich auf	reg dich nicht auf!
obiecywać	obiecuje	nie obiecu**j**!
versprechen	er verspricht	versprich nicht!
pokazywać	pokazuje	nie pokazu**j**!
zeigen	er zeigt	zeig nicht!

Kurz: Alle Wörter auf **-uje** enden bei einer Aufforderung auf **-uj**!

Dieses Prinzip – durch Weglassen der Endung der 3. Person Einzahl die Aufforderungsform zu bilden – gilt auch für die meisten übrigen Tätigkeitswörter der **e**- und **i**-Gruppe.

e-	jechać	jedzie	jed**ź**!	fahr!
	iść	idzie	id**ź**!	geh!
	odpisać	odpisze	odpis**z**!	schreibe zurück!

Unregelmäßig:

	jeść	je	**jedz**!	iß!
	wziąć	weźmie	**weź**!	nimm!
	zacząć	zacznie	**zacznij**!	fang an!
	zająć się	zajmie się	**zajmij** się!	befasse dich (mit...)!
i-	chodzić	chodzi	chod**ź**!	komm!
	wrócić	wróci	wró**ć**!	komm zurück!
	zrobić	zrobi	zró**b**!	mach!
	ustawić się	ustawi się	usta**w** się!	stell dich an!
	uczyć się	uczy się	ucz się!	lerne!
	zbliżyć się	zbliży się	zbli**ż** się!	nähere dich!
	lekceważyć	lekceważy	lekcewa**ż**!	mißachte!

Lekcja 17b

Die Aufforderungsformen (Imperative) im Abschnitt **17a** wenden sich *direkt* an die angesprochene Person. Im ersten Dialog des Abschnitts **17b** finden Sie Beispiele für Aufforderungen, die an eine (oder mehrere) andere Personen *weitergeleitet* werden sollen.

niech przyjedzie tramwajem	(sag ihm), er soll mit der Straßenbahn kommen
niech weźmie taksówkę	(sag ihm), er soll ein Taxi nehmen
niech oni się pośpieszą	(sag ihnen), sie soll(t)en sich beeilen

Diese Form der Aufforderung wird *immer* durch **niech** eingeleitet und die Tätigkeitswörter stehen *immer* in der 3. Person Einzahl oder Mehrzahl. Die Verbindung ***niech*** *+ 3. Person* wird auch verwendet, wenn eine direkte Aufforderung an *pan/pani/państwo* gerichtet wird.

niech pan jedzie szybciej	fahren Sie schneller
niech się pan nie boi	haben Sie keine Angst
niech pan stanie	bleiben Sie stehen/halten Sie

Vorsicht bei der Verwendung von **niech**! Es drückt einen vertraulichen Umgang mit der angesprochenen Person aus. Wenn Sie unsicher sind, ob ein solcher Umgangston angemessen ist, sollten Sie auf die neutralen Formen (*proszę, czy może pan/pani...?*) zurückgreifen.

Lekcja 18

In dieser Lektion begegnen Sie zum ersten Mal dem Passiv. Das Passiv erkennen Sie daran, daß der Satzgegenstand (Subjekt), d. h. die handelnde Person, nicht erwähnt wird. In der gesprochenen polnischen Sprache wird das Passiv – im Unterschied zum Deutschen – kaum verwendet. Sie begegnen dieser Form fast ausschließlich in der Nachrichtensprache und der offiziellen Amtssprache.

Das Passiv setzt sich im Polnischen (wie im Deutschen) aus einem Hilfszeitwort (Hilfsverb) und einem Mittelwort (Partizip) zusammen. Die unvollendeten Tätigkeitswörter werden von *być*, die vollendeten von *zostać* begleitet. Die Hilfszeitwörter geben den Hinweis auf den Zeitpunkt (Vergangenheit, Gegenwart, Zukunft) des Geschehens.

Rozmowy **były** prowadzone.	Es wurden Gespräche geführt.
Rozmowy **są** prowadzone.	Es werden Gespräche geführt.
Rozmowy **będą** prowadzone.	Es werden Gespräche geführt werden.
Umowa **została** podpisana.	Der Vertrag ist unterzeichnet worden.
Umowa **zostaje** podpisana.	Der Vertrag wird unterzeichnet.
Umowa **zostanie** podpisana.	Der Vertrag wird unterzeichnet werden.

Die Mittelwörter (Partizipien) verhalten sich wie Eigenschaftswörter (Adjektive). Ihre Endung verändert sich je nach grammatischem Geschlecht (Genus) und Zahl (Numerus) des entsprechenden Hauptworts: *prezydent – uhonorowany, impreza – zorganizowana, oświadczenie – podpisane, goście – zaproszeni*. Das Mittelwort wird von der Grundform (Infinitiv) des Tätigkeitswortes abgeleitet. Je nach Endung in der Grundform lautet die Endung des Mittelwortes entweder **-any, -ony** oder **-ty**:

1. **-ać/-eć**   **-any**   *podpisać – podpisany, słyszeć – słyszany*

2. **-ić/-yć** (mehrsilbig)   **-ony**   *zrobić – zrobiony, tłumaczyć – tłumaczony*
   -ść/-źć   *zjeść – zjedzony, znaleźć – znaleziony*

3. **-ić/-yć** (einsilbig)   **-ty**   *bić – bity, myć – myty*
   -ąć/-uć   *przyjąć – przyjęty, popsuć – popsuty* (kaputtgemacht)

Sie brauchen die Bildung der Mittelwörter nicht zu lernen. Es genügt völlig, wenn Sie Passivformulierungen in Texten erkennen. Verwenden Sie das Passiv nicht in der gesprochenen Umgangssprache. Wenn Sie Sätze ohne Satzgegenstand (Subjekt) bilden wollen, nehmen Sie einfach die 3. Person Mehrzahl des Tätigkeitswortes:

Pokazywa**li** nawet w telewizji.	(*Es*) wurde sogar im Fernsehen gezeigt.
	Das haben (*sie*) sogar im Fernsehen gezeigt.
Piszą dziś coś ciekawego?	Schreiben (*sie*) heute etwas Interessantes?

Im Abschnitt **18c** finden Sie eine weitere unpersönliche Form. Das Mittelwort endet hier immer auf **-o** und es steht ohne Hilfszeitwort: *umowę podpisano, prezenty wymieniono, gościa uhonorowano, gości zaproszono*.

Grammatikübersicht

Alphabet

Hinweise zur Aussprache

a	– <u>a</u>ber	ł	– b<u>au</u>en, <u>Au</u>to
ą	– nasal gesprochenes „o" ähnlich wie *franz.* m<u>on</u>de	m	– <u>m</u>alen
b	– <u>b</u>aden	n	– <u>n</u>ehmen
c	– <u>z</u>ielen	ń	– *
ć	– *	o	– <u>o</u>rdnen
d	– <u>d</u>och	ó	– <u>u</u>mziehen
e	– <u>e</u>nden, <u>ä</u>ndern	p	– <u>p</u>assen
ę	– nasal gesprochenes „e" ähnlich wie *franz.* jard<u>in</u>	r	– <u>r</u>etten
f	– <u>f</u>inden	s	– e<u>ss</u>en, hei<u>ß</u>en
g	– <u>g</u>elingen	ś	– *
h	– <u>h</u>aben, do<u>ch</u>	t	– <u>t</u>un
i	– <u>I</u>gel, b<u>i</u>eten	u	– <u>u</u>mziehen
j	– <u>j</u>agen	w	– <u>w</u>issen
k	– <u>k</u>ochen	y	– <u>i</u>mmer, <u>i</u>n
l	– <u>l</u>ernen	z	– <u>s</u>itzen, <u>s</u>egeln
		ź	– *
		ż	– <u>J</u>alousie, Gara<u>g</u>e
ch	– <u>h</u>aben, do<u>ch</u>	rz	– <u>J</u>alousie, Gara<u>g</u>e
cz	– <u>Tsch</u>eche	dz	– /ds/
sz	– <u>Sch</u>wede	dż	– /dsh/ <u>J</u>azz, <u>G</u>entleman, Fu<u>dj</u>i

* Ein Querstrich über **c, s, n, z** wird als sehr flüchtiges /i/ hinter dem jeweiligen Buchstaben gesprochen. Das /i/ erweicht im Polnischen immer den vorangestellten Mitlaut (Konsonant).

Hauptwort (Substantiv)

Männliche Hauptwörter enden im Polnischen in der Regel auf einen Mitlaut (*lekarz, stół, Berlin*), weibliche Hauptwörter enden auf **-a** oder **-i** (*szafa, pani, Warszawa*) und sächliche Hauptwörter enden auf **-o, -e, -ę** oder **-um** (*okno, mieszkanie, imię, muzeum*).

Einzahl (Singular)

	männlich		*weiblich*			*sächlich*	
Nominativ	pan	dom	woda	wódka	pani	wino	mieszkanie
Genitiv	pan**a**	dom**u**	wod**y**	wód**ki**	pani	win**a**	mieszkani**a**
Dativ	pan**u**	dom**owi**	wo**dzie**	wód**ce**	pani	win**u**	mieszkani**u**
Akkusativ	pan**a**	dom	wod**ę**	wód**kę**	pani**ą**	wino	mieszkanie
Instrumental (z)	pan**em**	dom**em**	wod**ą**	wód**ką**	pani**ą**	win**em**	mieszkani**em**
Lokativ (o)	pan**u**	dom**u**	wo**dzie**	wód**ce**	pani	wi**nie**	mieszkani**u**

Mehrzahl (Plural)

Bei den hier genannten Wörtern handelt es sich um besonders häufig vorkommende Typen von Hauptwörtern. Andere Hauptwörter weichen stellenweise von diesem Schema ab.

	männlich		*weiblich*	*sächlich*	
Nominativ	pan**owie**	dom**y**	pan**ie**	win**a**	mieszkani**a**
Genitiv	pan**ów**	dom**ów**	pań	win	mieszkań
Dativ	pan**om**	dom**om**	pani**om**	win**om**	mieszkani**om**
Akkusativ	pan**ów**	dom**y**	pan**ie**	win**a**	mieszkani**a**
Instrumental (z)	pan**ami**	dom**ami**	pani**ami**	win**ami**	mieszkani**ami**
Lokativ (o)	pan**ach**	dom**ach**	pani**ach**	win**ach**	mieszkani**ach**

Die vereinfachten Richtlinien zur Mehrzahlbildung lauten zusammengefaßt:
1. Sächliche Hauptwörter enden in der Regel auf **-a** (*kina, spotkania, imiona, muzea*).
2. Männliche und weibliche Hauptwörter enden in der Regel auf **-y** (*plany, mapy*) oder, nach -k- oder -g-, auf **-i** (*kioski, treningi, książki, nogi*).
3. Männliche und weibliche Hauptwörter enden auf **-e,** wenn sie in der Einzahl die folgenden Endungen haben:

-c/-cz	*owoce, klucze, ulice, klacze*	-ń	*konie, dłonie*
-i/-j	*linie, pokoje, lekcje*	-sz	*listonosze, kasze*
-l	*alkohole, koszule*	-ść	*goście* (nur männliche Hauptwörter!)

4. Weibliche Hauptwörter auf -ść enden auf **-i** (*wiadomości*).
5. Gänzlich unregelmäßig sind männliche Berufsbezeichnungen auf

-er	*kelnerzy, ministrowie*	-yk/-ik	*politycy, urzędnicy*
-or	*dyrektorzy, profesorowie*	-t	*studenci, adwokaci*
-ek	*świadkowie*	-ta	*poeci, demokraci*
-sta	*renciści, komuniści.*		

Eigenschaftswort (Adjektiv)

Männliche Eigenschaftswörter enden in der Regel auf **-y**, weibliche auf **-a** und sächliche auf **-e**.

Einzahl (Singular)

	männlich	*weiblich*	*sächlich*
Nominativ	dobr**y**	dobr**a**	dobr**e**
Genitiv	dobr**ego**	dobr**ej**	dobr**ego**
Dativ	dobr**emu**	dobr**ej**	dobr**emu**
Akkusativ	dobr**ego**/dobr**y**	dobr**ą**	dobr**e**
Instrumental (z)	dobr**ym**	dobr**ą**	dobr**ym**
Lokativ (o)	dobr**ym**	dobr**ej**	dobr**ym**

Mehrzahl (Plural)

	männlich	*weiblich*	*sächlich*
Nominativ	dobr**zy**/dobr**e**	dobr**e**	dobr**e**
Genitiv	dobr**ych**	dobr**ych**	dobr**ych**
Dativ	dobr**ym**	dobr**ym**	dobr**ym**
Akkusativ	dobr**ych**/dobr**e**	dobr**e**	dobr**e**
Instrumental (z)	dobr**ymi**	dobr**ymi**	dobr**ymi**
Lokativ (o)	dobr**ych**	dobr**ych**	dobr**ych**

Genauso gebeugt werden: *który, która, które / jaki, jaka, jakie / pierwszy, druga, trzeci*. Die Form *dobrzy* im Nominativ Mehrzahl bezieht sich nur auf männliche Personen oder gemischte Gruppen mit männlichen Personen. Alle Eigenschaftswörter, die solche Gruppen beschreiben, enden auf **-y** oder **-i**, z. B.: *nowi koledzy, znajomi ludzie, wielcy naukowcy, energiczni…, sympatyczni…, mali/duzi… (klein/groß)*.

Persönliches Fürwort (Personalpronomen)

Einzahl (Singular)

Nominativ	**ja**	**ty**	**on**	**ona**	**ono**
Genitiv	mnie	ciebie	go, jego, *niego*	jej, *niej*	go, jego, *niego*
Dativ	mi, mnie	ci, tobie	mu, jemu, *niemu*	jej, *niej*	mu, jemu, *niemu*
Akkusativ	mnie	cię, ciebie	go, jego, *niego*	ją, *nią*	je, *nie*
Instrumental	(ze) mną	(z) tobą	(z) nim	(z) nią	(z) nim
Lokativ	(o) mnie	(o) tobie	(o) nim	(o) niej	(o) nim

Mehrzahl (Plural)

Nominativ	**my**	**wy**	**oni**	**one**
Genitiv	nas	was	ich, *nich*	ich, *nich*
Dativ	nam	wam	im, *nim*	im, *nim*
Akkusativ	nas	was	ich, *nich*	je, *nie*
Instrumental	(z) nami	(z) wami	(z) nimi	(z) nimi
Lokativ	(o) nas	(o) was	(o) nich	(o) nich

Die schräg gedruckten Wörter mit **n**-Einschub werden nur in Verbindung mit einem Verhältniswort (Präposition) gebraucht. Die Kurzformen (mi, cię, go usw.) stehen nie am Satzanfang und nie nach Verhältniswörtern.

Besitzanzeigendes Fürwort (Possessivpronomen)

	Einzahl (Singular)			Mehrzahl (Plural)
	männlich	*weiblich*	*sächlich*	
Nominativ	m**ój**	moj**a**	moj**e**	moj**e**
Genitiv	moj**ego**	moj**ej**	moj**ego**	mo**ich**
Dativ	moj**emu**	moj**ej**	moj**emu**	mo**im**
Akkusativ	moj**ego**/m**ój**	moj**ą**	moj**e**	mo**ich**/moj**e**
Instrumental (z)	mo**im**	moj**ą**	mo**im**	mo**imi**
Lokativ (o)	mo**im**	moj**ej**	mo**im**	mo**ich**

Parallel dazu: *twój*. Bei *nasz, wasz* stehen statt der -**i**-Endungen -**y**-Endungen (nasz**ych**, nasz**ym**, nasz**ymi**, …).
Die besitzanzeigenden Wörter der 3. Person Einzahl (jego, jej) und der 3. Person Mehrzahl (ich) verändern ihre Form nie:

Piotr i **jego** siostra.	Ula i **jej** koleżanki.	Dzieci i **ich** pies.
Peter und seine Schwester.	Ula und ihre Freundinnen.	Die Kinder und ihr Hund.

Verhältniswort (Präposition)

Genitiv	koło, obok, naprzeciw, z (woher, woraus), pośrodku, od, do, dla, u, bez, zamiast, z powodu, podczas, mimo, według
Dativ	przeciw, dzięki, wbrew, ku
Akkusativ	przez, o (um), po, w, na, przed, za, nad, pod, między
Instrumental	poza, z (mit), przed, za, nad, pod, między
Lokativ	przy, o (über), po, w, na

Die Verhältniswörter *w, na, przed, za, nad, pod, między* werden häufig bei Ortsangaben gebraucht. Auf die Frage *wo?* stehen sie (mit Ausnahme von *w, na*) mit dem Instrumental, auf die Frage *wohin?* ziehen sie immer den Akkusativ nach sich.

Tätigkeitswort (Verb)

Gegenwart (Präsens)

a-Gruppe	*e-Gruppe*	*i-Gruppe*	
mieszkać	**kupować**	**robić**	**uczyć się**
mieszk**am**	kupu**ję**	rob**ię**	ucz**ę** się
mieszk**asz**	kupu**jesz**	rob**isz**	ucz**ysz** się
mieszk**a**	kupu**je**	rob**i**	ucz**y** się
mieszk**amy**	kupu**jemy**	rob**imy**	ucz**ymy** się
mieszk**acie**	kupu**jecie**	rob**icie**	ucz**ycie** się
mieszk**ają**	kupu**ją**	rob**ią**	ucz**ą** się

Nicht alle Verben der **i**-Gruppe bekommen in der 1. Person Einzahl ein **-i-**.
Vollendete Tätigkeitswörter können keine Gegenwart wiedergeben.

Vergangenheit (Präteritum)

mieszka**łem**	mieszka**łam**	–
mieszka**łeś**	mieszka**łaś**	–
mieszka**ł**	mieszka**ła**	mieszka**ło**
mieszka**liśmy**	mieszka**łyśmy**	
mieszka**liście**	mieszka**łyście**	
mieszka**li**	mieszka**ły**	

Zukunft (Futur)
Unvollendete Tätigkeitswörter

będę mieszkać	*oder:*	**będę** mieszkał	/ mieszka**ła**
będziesz mieszkać		**będziesz** mieszkał	/ mieszka**ła**
będzie mieszkać		**będzie** mieszkał	/ mieszka**ła**
będziemy mieszkać		**będziemy** mieszka**li**	/ mieszka**ły**
będziecie mieszkać		**będziecie** mieszka**li**	/ mieszka**ły**
będą mieszkać		**będą** mieszka**li**	/ mieszka**ły**

Vollendete Tätigkeitswörter haben in der Zukunft die gleichen Endungen wie die unvollendeten Tätigkeitswörter in der Gegenwart.

zapamiętać	**napisać**	**kupić**	**nauczyć się**
zapamięt**am**	napisz**ę**	kup**ię**	naucz**ę** się
zapamięt**asz**	napisz**esz**	kup**isz**	naucz**ysz** się
zapamięt**a**	napisz**e**	kup**i**	naucz**y** się
zapamięt**amy**	napisz**emy**	kup**imy**	naucz**ymy** się
zapamięt**acie**	napisz**ecie**	kup**icie**	naucz**ycie** się
zapamięt**ają**	napisz**ą**	kup**ią**	naucz**ą** się

Möglichkeitsform (Konjunktiv)

zrobił**bym**	zrobiła**bym**
zrobił**byś**	zrobiła**byś**
zrobił**by**	zrobiła**by**
zrobili**byśmy**	zrobiły**byśmy**
zrobili**byście**	zrobiły**byście**
zrobili**by**	zrobiły**by**

Befehlsform (Imperativ)

Einzahl (Singular)

Tätigkeitswörter der **a**-Gruppe: *3. Person Einzahl + **j***.

czytać	czytam	czyta**j**!
czekać	czekam	czeka**j**!

Tätigkeitswörter der **e**-Gruppe und der **i**-Gruppe: 3. *Person Einzahl ohne Endung.*

pracować	pracuje	pracu**j**!
studiować	studiuje	studiu**j**!
pisać	pisze	pi**sz**!

Mehrzahl (Plural)

An die Befehlsform in der Einzahl wird die Endung **-cie** angehängt:

| czytaj**cie**! | czekaj**cie**! | |
| pracuj**cie**! | studiuj**cie**! | pisz**cie**! |

Rektion der Tätigkeitswörter

Viele Tätigkeitswörter ziehen im Polnischen einen bestimmten Fall (Kasus) nach sich:

Genitiv	być zadowolonym z	**Instrumental**	korespondować z
	cieszyć się z		porównać z
	dzwonić do		przepadać za
	korzystać z		żegnać się z
	ograniczać się do		żenić się z
	pochodzić z		
	rezygnować z		
Akkusativ	czekać na	**Lokativ**	decydować o
	dbać o		dyskutować o
	dziękować za		informować o
	mieć ochotę na		marzyć o
	namawiać na		mówić o
	narzekać na		myśleć o
	niepokoić się o		opowiadać o
	patrzeć na		pamiętać o
	płacić za		pisać o
	pozwalać na		polegać na
	prosić o		rozmawiać o
	przechodzić przez		zapominać o
	przepraszać za		
	pytać o		
	starać się o		

Lektionswortschatz

Am Ende der einzelnen Lektionsabschnitte sind – sofern vorhanden – die neuen Vokabeln des Arbeitsbuches angegeben. Nach der ersten Vokabel einer Übung steht die Nummer dieser Übung in Klammern, z. B. bibliotekarka (6).

Lekcja 1

1a

polnisch	deutsch
spotkanie	Begegnung, Treffen
pierwsza lekcja	erste Lektion
Dzień dobry!	Guten Tag!
nazywam się (nazywać się)	ich heiße (heißen)
przepraszam (przepraszać)	ich entschuldige mich, entschuldigen Sie (sich entschuldigen)
nie zrozumiałam (zrozumieć)	ich *(Frau)* habe nicht verstanden (verstehen)
nie zrozumiałem	ich *(Mann)* habe nicht verstanden
jak	wie
pan	Sie *(Anredeform für einen Mann)*
pani	Sie *(Anredeform für eine Frau)*
nazywa się	(er, sie, es) heißt
nazywasz się	(du) heißt
a	und
ty	du
jestem (być)	ich bin (sein)
czy	ob *(Fragepartikel)*
mówi (mówić)	(er, sie, es) spricht (sprechen)
po polsku	Polnisch, auf polnisch
tak	ja
ale	aber
tylko	nur
trochę	etwas, ein bißchen
Do widzenia!	Auf Wiedersehen!
może pani (móc)	können Sie *(Frau)* (können)
powtórzyć	wiederholen
proszę	bitte
bardzo	sehr
co	was
to	das, es
znaczy (znaczyć)	(es) bedeutet (bedeuten)
nie wiem (wiedzieć)	ich weiß nicht (wissen)
jest	(er, sie, es) ist
dziękuję	danke

1b

polnisch	deutsch
pozwoli (pozwolić)	(er, sie, es) gestattet, erlaubt (gestatten, erlauben)
że	daß
przedstawię (przedstawić)	(ich) stelle vor (vorstellen)
moja	meine
żona	Ehefrau
Miło mi!	(Es ist mir) Angenehm!
mój	mein
syn	Sohn
córka	Tochter
siostra	Schwester
mama	Mutter
mąż	Mann, Ehemann
brat	Bruder
ojciec	Vater
wolno mi	darf ich, ist es mir erlaubt
państwo	Eheleute
kto	wer
on	er
robi (robić)	(er, sie, es) macht (machen)
on jest inżynierem	er ist Ingenieur
tak jak	so wie
ja	ich
Kim on jest?	Was ist er (von Beruf)?
ona	sie
elektronik	Elektroniker
nauczyciel	Lehrer
student	Student
mechanik	Mechaniker
urzędnik	Beamter

ona jest nauczycielką	sie ist Lehrerin	Polska	Polen
urzędniczka	Beamtin	chemik	Chemiker
lekarka	Ärztin	fabryka	Fabrik
pielęgniarka	Krankenschwester	w fabryce opon	in der Reifenfabrik
studentka	Studentin	jego	sein, seine
sprzedawczyni	Verkäuferin	szkoła	Schule
ona nie pracuje (pracować)	sie arbeitet nicht, sie ist Hausfrau (arbeiten)	w szkole zawodowej	in der Berufsschule
		koło (+ 2. Fall)	bei, in der Nähe von
też	auch	ma (mieć)	hat (haben)
bibliotekarka (6)	Bibliothekarin	duże	große
rolnik	Landwirt	gospodarstwo	Landwirtschaft, Bauernhof
sekretarka	Sekretärin		
prawnik	Jurist	studiuje (studiować)	(er, sie, es) studiert (studieren)
murarz	Maurer		
ślusarz	Schlosser	akademia	Akademie
gospodyni domowa	Hauswirtin, Hausherrin	na Akademii Rolniczej	an der Landwirtschaftsakademie
architekt	Architekt		
rencista	Rentner	bo	weil, denn
malarz	Maler	chce (chcieć)	(er, sie, es) will (wollen)
dziennikarz	Journalist	zostać	werden
księgowa	Buchhalterin	oni	sie *(Mehrzahl)*
		mieszkają	(sie) wohnen
1 c		zakład	Werk, Betrieb
czy można	kann man, darf man	w zakładach mechanicznych	in den mechanischen Werken
zapytać	fragen		
skąd	woher	tłumaczka	Übersetzerin
z	aus	język niemiecki	deutsche Sprache
RFN	BRD	teraz	jetzt
Republika Federalna Niemiec	Bundesrepublik Deutschland	urlop wychowawczy	Erziehungsurlaub
		mają (mieć)	(sie) haben (haben)
Kolonia	Köln	jedno dziecko	ein Kind
są	(sie) sind	dwoje dzieci	zwei Kinder
my	wir	szpital	Krankenhaus
jesteśmy	(wir) sind	w szpitalu	im Krankenhaus
stąd	von hier	jej	ihr, ihre
mieszkamy (mieszkać)	(wir) wohnen (wohnen)	adwokat	Rechtsanwalt
tu	hier	mają jednego wnuka	(sie) haben einen Enkel
niedaleko	nicht weit, unweit	wnuk	Enkel
jesteście	(ihr) seid	chodzi (chodzić)	(er, sie, es) geht (gehen)
z Niemiec	aus Deutschland	już	schon
gdzie	wo	do szkoły	zur Schule
mieszkacie	(ihr) wohnt	górnik	Bergmann
w	in	kopalnia	Bergbau
na urlopie	in Urlaub	w kopalni	im Bergbau
Austria	Österreich	dom handlowy	Kaufhaus
		w domu handlowym	im Kaufhaus
		one	sie *(Mehrzahl)*
1 d		uniwersytet	Universität
znajomi	die Bekannten	na uniwersytecie	an der Universität
		razem	zusammen

akademik	Studentenheim
w akademiku	im Studentenheim
żak	Student *(veraltet)*
kierownik	Leiter
budowa	Bau(stelle)
na budowie	auf einer Baustelle
jeszcze	noch
przedszkole	Kindergarten
do przedszkola	in den Kindergarten
imię	Vorname
nazwisko	(Familien-)Name
zawód	Beruf
miejsce zamieszkania	Wohnort
rodzina	Familie, die Angehörigen
dyrektor (12)	Direktor
czyj, czyja (14)	wessen
to nieprawda	es stimmt nicht, es ist nicht wahr

1 e

tak samo	genauso
czy	oder *(in einer Frage)*
inaczej	anders
kwestionariusz	Fragebogen, Formular
nazwisko panieńskie	Mädchenname
data	Datum
miejsce urodzenia	Geburtsort
obywatelstwo	Staatsangehörigkeit
adres	Adresse
miejsce pracy	Arbeitsstelle
praca	Arbeit

1 f

teatrzyk	das kleine Theater
zielona	grüne
gęś	Gans
ma zaszczyt	(er, sie, es) hat (gibt sich) die Ehre
biurokrata	Bürokrat
wakacje	Ferien
na wakacjach	in den Ferien
osoba, osoby	Person, -en
amator kąpieli	jemand, der Lust hat zu baden
jezioro	der See
pośrodku	in der Mitte, mittendrin
brzeg	Ufer
na brzegu	am Ufer
Ratunku!	Hilfe!
dajmy na to...	sagen wir mal...
matka	Mutter
nic nie rozumiem (rozumieć)	ich verstehe nichts (verstehen)
dzień zapowiada się pogodny	es wird wohl ein schöner Tag werden
kurtyna	Vorhang

1 g

Co słychać?	Wie geht es? Was ist (bei dir, Ihnen) zu hören?
Dzień dobry pani / panu!	Guten Tag! (Ihnen einen guten Tag!)
u (+ 2. Fall)	bei (jemandem)
u pani / u pana	bei Ihnen
wszystko	alles
w porządku	in Ordnung
niespodzianka	Überraschung
cieszyć się	sich freuen
spotykać	treffen, begegnen
po staremu	beim Alten
Cześć!	Hallo! Grüß dich!, *auch:* Tschüs!
Jak się masz?	Wie geht's dir?
nieźle	nicht schlecht
dobrze	gut
Jak leci?	Wie läuft's?
u ciebie	bei dir
tak sobie	es geht (gerade noch)
nic nowego	nichts Neues
nie narzekam (narzekać)	ich klage nicht (klagen)
jako tako	nicht besonders
historia (18)	Geschichte
biologia	Biologie
jestem na rencie	ich bin Rentner/-in
urlop macierzyński (19)	Mutterschaftsurlaub
muzyk (20)	Musiker
grać na gitarze	Gitarre spielen
przyjechał (przyjechać)	(er) kam (kommen)
często	oft
kurs	Kurs
prawda	es stimmt, *auch:* Wahrheit

Lekcja 2

2a

Ile to może być?	Wieviel mag (kann) es sein?
jeden *(männlich)*	einer
jedna *(weiblich)*	eine
jedno *(sächlich)*	eines, eins
dwa *(männlich, sächlich)*	zwei
dwie *(weiblich)*	zwei

2b

Czy jest...?	Gibt es...? Ist... da?
mapa turystyczna	touristische Landkarte
wezmę (wziąć)	ich nehme (nehmen)
widokówka	Ansichtskarte
który, które	welcher, welche
Czy są...? *(Mehrzahl)*	Gibt es...?
znaczek, znaczki	Briefmarke, -n
niestety	leider
nie ma	es gibt nicht
album	Album
plan miasta	Stadtplan
informator	Auskunftsbeamter, Informator
jakaś	(irgend-)eine
niemiecka gazeta	deutsche Zeitung
pocztowe	Post-
nie ma już	es gibt keine mehr
tutaj (22)	hier

2d

w kiosku	im Kiosk
poproszę... (poprosić)	ich möchte..., ich bitte um... (bitten)
bilet	Fahrschein
tramwaj	Straßenbahn
na tramwaj	für die Straßenbahn
albo	oder
zdjęcie	Aufnahme, Foto
obok	nebenan, daneben
poczta	Postamt
autobus (23)	Bus

2e

na poczcie	auf der Post
okienko listowe	Briefschalter
czynny	geöffnet
list polecony	Einschreibebrief
dostanę (dostać)	(ich) bekomme (bekommen)
drobne	Kleingeld
zobaczę (zobaczyć)	(ich) werde mal sehen (sehen)
może	vielleicht
chwileczkę	Augenblick(chen)
za mało	zu wenig
brakuje (brakować)	es fehlt (fehlen)
złoty	Zloty *(polnische Währung)*
grosz	Groschen *(100 Groschen = 1 Zloty)*
mylą mi się (mylić)	(ich) verwechsle (verwechseln)
pieniądze	Geld
nic nie szkodzi	es macht nichts, es schadet nicht
kupować, -uje (24)	kaufen
na widokówkę	für eine Ansichtskarte
kartka	Postkarte, *auch:* Ansichtskarte

2f

jaki numer	welche, was für eine Nummer
pamiętasz...?	weißt du (noch),...?
czekaj (czekać)	warte mal (warten)
chyba	ich glaube, wohl

2g

centrala międzymiastowa	Fernamt
rozmowa	Gespräch
zamówić rozmowę	ein Gespräch anmelden, bestellen
dokąd	wohin
kierunkowy	Vorwahl
długo	lange
trzeba	man muß, es ist nötig
godzina	Stunde
O Boże!	O Gott!
odpowiadać	sich melden, antworten
dalej	weiter(hin)

2h

informacja telefoniczna	Telefonauskunft
słucham (słuchać)	ich höre zu (hören)
pomyłka	verwählt (*wörtlich:* Irrtum)

2i

Ile masz lat?	Wie alt bist du?
rok, lata	Jahr, -e
Masz czas?	Hast du Zeit?
jutro	morgen
wieczorem	abends
nie bardzo	eigentlich nicht, nicht so sehr
dlaczego	warum
pytać	fragen
urodziny	Geburtstag
kończyć	beenden, schließen
dopiero	erst
no to	nun also
przyjdziesz (przyjść)	(du) kommst (kommen)
zadzwonię do ciebie (zadzwonić)	(ich) werde dich anrufen (anrufen)
do ciebie	zu dir
szybko	schnell
dobra	okay, gut
dziś	heute

2j

mała ankieta	kleine Umfrage
ludzie	Leute
uczyć się	lernen (sich selbst lehren)
krewny	Verwandter
tam	dort(hin)
część	Teil
pochodzić	stammen, herkommen
małżeństwo	Ehe(paar)
potrzebuje tego języka	(er, sie, es) braucht diese Sprache
ten, tego	dieser, diesen
jeździć	(mehrmals) fahren
przychodzić	kommen
żeby	um zu, damit
nauczyć się	erlernen
pojechać	hinfahren
znajomość	Bekanntschaft
nawiązać znajomości	Bekanntschaften schließen
interesujące	interessante
stamtąd	von dort, daher
odnowić	erneuern
swój	sein (eigen), ihr (eigen)
kraj	Land
z krajem dzieciństwa	mit dem Land der Kindheit
wiele	viele
aby	um zu, damit
obcy język	Fremdsprache
lecz	sondern
przypomnieć sobie	sich erinnern
zapomniany	vergessen
czytać	lesen
pisać	schreiben
móc, mogę, może	können
korespondować, -uje	korrespondieren
kupiec, kupcy	Kaufmann, -leute
naukowiec, naukowcy	Wissenschaftler
korespondent, korespondenci	Korrespondent, -en
prasowi	Presse-
literatura	Literatur
w oryginale	im Original, in der Originalsprache
większość	Mehrheit
z nich	von ihnen
slawistyka	Slawistik
dziwić się (35)	sich wundern
drodzy	liebe, werte
drogi panie, droga pani	Briefanrede (*nie mit Nachnamen!*)
kurs wieczorowy	Abendkurs
gdy	wenn
trudny	schwierig
tyle	soviel
więc	also
serdecznie	herzlich
pozdrawiać	grüßen

2k

mieszkaniec, -ńcy	Einwohner
kosztować, -uje	kosten
kolejowy	Eisenbahn-
autobusowy	Bus-
lotniczy	Flug-
kilometr	Kilometer

Lekcja 3

3a

blok	(Wohn-)Block
w tym bloku	in diesem Block
piętro	Stockwerk
na drugim piętrze	im zweiten Stock
nasze	unsere
mieszkanie	Wohnung
pokój, pokoje	Zimmer
kuchnia, -nie	Küche, -n
łazienka, -ki	Badezimmer
przedpokój, -oje	Flur (Vorzimmer)
balkon, -y	Balkon
jakie	wie
jasna	helle
okno	Fenster
na prawo od drzwi	rechts von der Tür
drzwi	Tür
lodówka	Kühlschrank
kuchenka	Herd
szafka	Schränkchen
kuchenna	Küchen-
naprzeciw	gegenüber
stać, stoję, stoi	stehen
regał	Regal
naczynie	Geschirr (ein Stück)
na naczynia	für Geschirr
stół	Tisch
krzesło	Stuhl
zawsze	immer
jeść, jem, je	essen
pokoik	Zimmerchen
łóżko	Bett
piętrowe	Etagen-Schrank
szafa	
ubranie	Kleidung
na ubrania	für Kleidung
stolik	Tischchen
szeroki	breit, weit
podwójne drzwi	Doppeltür
narazie	vorläufig, bislang, im Moment noch
mebel, meble	Möbel
długi	lang
książka	Buch
na lewo	links
wersalka	Sofa
fotel, -e	Sessel
telewizor, -y	Fernseher
biurko	Schreibtisch
no cóż	na ja
ciemna	dunkel
ale za to	dafür aber
ciepła	warm
urządzenie	Einrichtung
standartowe	Standard-
biała	weiß
wanna	Wanne
umywalka	Waschbecken
prysznic	Dusche
ręcznik	Handtuch
na proszki	für Pulver
wielki	sehr groß
w starym budownictwie	in einem Altbau(haus)
szczęśliwi	glücklich(e Leute)
chociaż	wenigstens
własne (40)	eigene
nieurządzone	nicht eingerichtet
malutki	(sehr) klein
kochany	lieber
na osiedlu	im Stadtteil
osiedle	Wohnsiedlung
widok	Aussicht
tak jak i	so wie auch
nareszcie	endlich
zapraszać	einladen
pozdrowienie	Gruß
przesyłać	(über)senden, schicken
lampa (41)	Lampe
tapeta	Tapete

3b

obejrzeć	sich (etwas) ansehen
oczywiście	klar, selbstverständlich
Jak ładnie urządzona!	Wie schön eingerichtet!
podobać się	gefallen
bardzo mi się podoba	es gefällt mir sehr
pokój dziecinny	Kinderzimmer
Jaki przytulny!	Wie gemütlich!
sypialnia, -e	Schlafzimmer
państwa	Ihr
spać, śpimy, śpi	schlafen
w tamtym pokoju	in jenem Zimmer
domek	Einfamilienhaus (Häuschen)
parter	Erdgeschoß

na parterze	im Erdgeschoß	parking strzeżony	bewachter Parkplatz
toaleta	Toilette	całą dobę	rund um die Uhr
gość, goście	Gast, Gäste	doba	24 Stunden
dla gości	für Gäste	wolne	frei
ogród, ogrody	Garten, Gärten	na jak długo	für wie lange
sklep (42)	Geschäft	na dwa dni	für zwei Tage
meblowy	Möbel-	wystarczyć	ausreichen, genügen
sprzedać (43)	verkaufen	może być	kann sein
szukać	suchen	winda (49)	Fahrstuhl, Lift
poszukiwać, -uje	suchen nach	paszport, -y	Paß, Pässe
zamienić	tauschen	klucz, -e	Schlüssel
mieszkanie własnościowe	Eigentumswohnung		
kawalerka	Appartement	**3e**	
usługa	Dienstleistung	recepcja	Rezeption
lustro (44)	Spiegel	na górze	oben
szafka nocna	Nachtschränkchen	na dole	unten
		fryzjer damski	Damenfriseur
		fryzjer męski	Herrenfriseur
3c		salon kosmetyczny	Kosmetiksalon
otworzyć	öffnen, aufmachen	kwiat, -y	Blume, -n
zamknąć	schließen, zumachen	szatnia (51)	Garderobe
zgasić światło	Licht ausschalten	kasa walutowa	Devisenkasse
włączyć	einschalten	cukiernia	Konditorei
zapalić	(eine Zigarette) rauchen		
można zapalić?	darf ich rauchen?		
umyć ręce	Hände waschen	**3f**	
ręka, ręce	Hand, Hände	podróż	Reise
przejść	vorbeigehen	nocować, -uje	übernachten
		pięknie	sehr schön
		odrestaurowany	restauriert
3d		budynek	Gebäude
wysoki	hoch	widać	man sieht, es ist sichtbar
niski	niedrig	zadbany	gepflegt
cena	Preis	park	Park
korzystne	günstige	ulica, -ce	Straße, -n
położenie	Lage	w dzień	am Tage, tagsüber
do centrum	zum Zentrum	głośna	laut
minuta	Minute	dzięki Bogu	Gott sei Dank!
dworzec	Bahnhof	izolowany	isoliert
pokój jednoosobowy	Einzelzimmer	szkoda	schade
pokój dwuosobowy	Doppelzimmer	pogoda	Wetter
z łazienką	mit Bad	okropna	schrecklich
z prysznicem	mit Dusche	padać	regnen
apartament	Suite im Hotel	jechać, jadę, jedzie	fahren
restauracja, -cje	Restaurant, -s, Gaststätte, -n	nowoczesny	modern (neuzeitig)
		zaniedbany	ungepflegt
kawiarnia, -ie	Café, -s	brudny	schmutzig
zaplecze usługowe	Dienstleistungseinrichtungen	kwadratowy (53)	quadratisch
		kolorowy	bunt, farbig

magnetofon	Tonbandgerät
wasz (54)	euer
u nas	bei uns

Lekcja 4

4a

Proszę pana / pani!	Herr Ober!, Fräulein!
zaraz	gleich, sofort, Moment bitte
prosić o (+ 4. Fall)	bitten um
kartę	Speisekarte
czy podać ...	soll ich ... reichen, geben
coś	etwas
do picia	zu trinken
dla męża	für den (Ehe)mann
dla mnie	für mich
woda mineralna	Mineralwasser
sok pomarańczowy	Orangensaft
napój, -oje	Getränk, -e
bezalkoholowy	alkoholfrei
sok jabłkowy	Apfelsaft
sok z czarnej porzeczki	Saft aus schwarzen Johannisbeeren
kawa	Bohnenkaffee
po turecku	auf türkische Art (ungefiltert)
herbata ekspresowa	Tee (als Teebeutelaufguß)
alkoholowy	alkoholisch
piwo	Bier
wino czerwone	Rotwein
szampan rosyjski	russischer Sekt
Wódka Wyborowa	Auslesewodka (*wörtlich:* -wässerchen) (*Marke*)
Żytnia	Roggenwodka (*Marke*)
dla ciebie	für dich
stawiać	spendieren
łyżka	Löffel
szklanka	Trinkglas (für Tee, Kaffee, Saft)
talerz, -e	Teller
cukier	Zucker
widelec, -lce	Gabel, -n
kieliszek, -szki	Glas (für Alkohol)
nóż, noże	Messer
sól	Salz
pieprz	Pfeffer
przyniosę (przynieść)	(ich) bringe gleich (bringen)
już podaję (podawać)	wird schon gemacht, ich gebe schon (geben)
gorące (56)	heiß
dla niego (60)	für ihn
dla niej	für sie (*Einzahl*)

4b

Co by tu zamówić?	Was könnte (sollte) man nun bestellen?
zupa, -y	Suppe, -n
rosół	Kraftbrühe
żółtko	Eigelb
barszcz	Rote-Bete-Suppe
pasztecik	Pastetchen (Gebäck mit Fleischfüllung)
pomidorowa	Tomatensuppe
makaron	Nudeln
ogórkowa	Gurkensuppe
ryż	Reis
żur	Sauerteigsuppe
kapuśniak	(Sauer-)Krautsuppe
danie mięsne	Fleischgericht
kotlet schabowy panierowany	Schnitzel (kann mit Knochen sein)
frytki	Pommes frites
sałata	Kopfsalat
pieczeń, -nie	Braten
wieprzowa	Schweine-
kluski	Teigwaren (wie schwäbische Knöpfle)
mizeria	Salat aus frischen Gurken mit Sahne
golonka	Eisbein
ziemniak	Kartoffel
surówka	Rohkostsalat
kapusta	Kohl
z kapusty	aus Kohl, aus Sauerkraut
bigos	(lange durchgeschmortes) Sauerkraut mit Fleisch
kotlet mielony	Frikadelle, Bulette
fasolka	Bohnen
gołąbek, -bki	Kohlroulade, -n
zraz, -y	Fleischroulade, -n
kasza gryczana	Buchweizen
kiszony ogórek	saure Gurke

gulasz wołowy	Rindergulasch	Czy pan już wybrał?	Haben Sie *(Mann)* schon gewählt?
stek barani	Lammsteak	wybrać	wählen
sos pieczarkowy	Champignonsoße	kartofel, -fle	Kartoffel, -n *(Umgangssprache)*
kurczak pieczony	Brathähnchen		
groszek	grüne Erbsen	do tego	dazu
pierogi	Teigtaschen (mit verschiedensten Füllungen)	na deser	als Dessert
		polecać	empfehlen
mięso	Fleisch	może lody?	vielleicht Eis?
naleśnik	saftige Pfannkuchen mit Quark oder mit Obst gefüllt (Palatschinken)	śmietanka (64)	Kaffeesahne
		zamawiać (65)	bestellen
		świetny (66)	ausgezeichnet
ser	Käse, Quark	papryka	Paprika
deser, -y	Nachspeise	krupnik	Graupensuppe
ciastko tortowe	cremiges Teilchen	pieczarki smażone	(in Fett) gebratene Champignons
krem owocowy	Früchtecreme		
budyń malinowy	Himbeerpudding	rachunek	Rechnung
kisiel	geleeartige Nachspeise aus Obstsaft	kiełbasa, -y (68)	Wurst
		sałatka	(gemischter) Salat
lody bakaliowe	Eis mit Rosinen, Nüssen, Orangeat u. ä.		
		4 d	
czekoladowe	Schokoladen-	lubić, lubi	mögen, gern haben
śmietana	Sahne		
bita śmietana	Schlagsahne, geschlagene Sahne	**4 e**	
		smakować, -uje	schmecken (es schmeckt)
mieć ochotę na (+ 4. Fall)	Lust haben auf	smaczna	schmackhaft
woleć, woli	vorziehen, bevorzugen	nie za bardzo	nicht allzu sehr
na drugie	als zweiten Gang, als zweites	zimny	kalt
		przesadzać	übertreiben
chyba	wohl, wahrscheinlich *(Ausdruck des Zögerns)*	jadłem / piłem już	ich *(Mann)* habe schon gegessen / getrunken
		jadłam / piłam już	ich *(Frau)* habe schon gegessen / getrunken
waniliowy (61)	Vanille-		
pieczarka (62)	Champignon	pić, piję, pije	trinken
hamburger	Hamburger	lepszy	besser
pomidor (63)	Tomate	bez smaku	ohne Geschmack
jabłko	Apfel	wyśmienita	ausgezeichnet, lecker
czekolada	Schokolade	wyborna	ausgezeichnet, herrlich
tort	Torte	niespecjalne	nicht besonders
ananas	Ananas	przypalony	angebrannt
pomarańcze	Apfelsine, -n	tłusty	fett
		słodki	süß
4 c		słony	salzig
Czy państwo wybrali?	Haben Sie *(Mehrzahl)* gewählt?	rozgotowane	zerkocht, matschig
		kwaśny	sauer
Czy pani już wybrała?	Haben Sie *(Frau)* schon gewählt?	nieświeży	nicht frisch
		twardy	hart

miękki	weich
chleb	Brot
czerstwy	alt und hart (Brot-erzeugnisse)
ostry	scharf
cytrynowy (71)	Zitronen-
wspaniały	herrlich
ryba, -y (72)	Fisch, -e
miód (73)	Honig
smalec (73)	Schmalz

4f

osobno	getrennt
reszty nie trzeba	der Rest ist für Sie
płacić za (+ 4. Fall)	zahlen für
zapłacić (74)	bezahlen
cytryna (75)	Zitrone

4g

mam nadzieję, że	ich hoffe, daß
nadzieja	Hoffnung
do jedzenia	zu essen
już się robi	wird schon gemacht (es macht sich schon)
musieć, muszę, musi	müssen
skreślić	streichen
kilka	einige
rzecz, -y	Sache, -n
zapomniałem	ich (Mann) habe vergessen
skreślone	durchgestrichen
o ile się nie mylę	wenn ich mich nicht irre
wykluczone	ausgeschlossen
wołowina	Rindfleisch

Lekcja 5

5a

Czym chata bogata…	Woran das Haus reich ist…
…tym rada.	…damit freut es sich (empfangen zu können).
napije się pan / pani wina	trinken Sie (jetzt etwas) Wein
chętnie	gern
alkohol	Alkohol
samochód, -ody	Auto, -s
jestem samochodem	(ich) bin mit dem Auto unterwegs
no to może	dann vielleicht
wypije pan / pani trochę wina	trinken Sie ein bißchen Wein
spróbować, -uje	probieren, kosten
zjeść	essen
ciasto	Kuchen
grzyb, -y	Pilz, -e
grzybków	(ein bißchen) von den Pilzen (Pilzchen)
nie wolno mi	ich darf nicht, es ist mir nicht erlaubt
flaki	Pansensuppe
głodny	hungrig
troszkę	ein wenig
wspaniale smakuje	es schmeckt herrlich
jestem najedzona	ich bin satt
ani troszeczkę	kein kleines bißchen
naprawdę	wirklich
później	später
nie dam rady	ich schaffe es nicht

5b

szklaneczka	Gläschen
filiżanka	Tasse
kawałek, -łki	Stück (Fragment), -e
kawałeczek	Stückchen
plasterek	Scheibe
plastereczek	Scheibchen
kromka	Schnitte (Brot)
kieliszeczek	Gläschen
pół	halb
talerzyk	Tellerchen
masło	Butter
szynka	Schinken
zupa jarzynowa (78)	Gemüsesuppe
więcej	mehr
konfitura	Konfitüre
porcja (79)	Portion
nawzajem	gleichfalls, ebenfalls

5c

prawdę mówiąc	ehrlich gesagt
nie przepadać za (+ 5. Fall)	etwas nicht besonders mögen
zamiast (+ 2. Fall)	anstatt, anstelle

zamiast tego	statt dessen
mocnej herbaty	(etwas) starken Tee
zaraz zrobię	ich mache (ihn) gleich
jeśli można prosić	wenn man bitten darf
tłuszcz (82)	Fett
wątróbka	Leber
cebula, -e	Zwiebel, -n
bułka (83)	Brötchen

5d

przepis na	Rezept für
słonina	Speck
wędzony boczek	geräucherter Schweinebauch
suszony	getrocknet
powidła śliwkowe	Pflaumenmus
listek laurowy	Lorbeerblatt
zagotować	aufkochen
odcedzić	abgießen
pokroić w kostkę	in Würfel schneiden
ewentualnie	eventuell
podsmażyć	leicht anbraten
dodać	hinzufügen
przyprawić	würzen
gotować, -uje	kochen
aż będzie	bis (es) wird
aromatyczne	aromatisch
najlepiej	am besten
raz	mal
po 2 godziny	je 2 Stunden
uwaga!	Achtung!
mieszać	(um)rühren
przypalać się	anbrennen
to proste (84)	es ist einfach
burak (85)	Rote Bete

5e

Co kraj to obyczaj.	Andere Länder, andere Sitten.
śniadanie	Frühstück
na śniadanie	zum Frühstück
kolacja	Abendbrot
na kolację	zum Abendbrot
pije się	man trinkt (es wird getrunken)
mleko	Milch
jada się	man ißt, man pflegt zu essen
najchętniej	am liebsten
wędlina, -y	Aufschnitt, -e
dżem, -y	Marmelade, -n
jajko	Ei
obiad, -y	Mittagessen
po pracy	nach der Arbeit
tzn. = to znaczy	d. h. = das heißt
po 15.00 (piętnastej)	nach 15 Uhr
Niemożliwe!	Echt?! Das gibt's doch gar nicht!
polewać	begießen
jako	als
po obiedzie	nach dem Mittagessen
niefiltrowana	ungefiltert
wstawać od stołu	vom Tisch aufstehen
po jedzeniu	nach dem Essen
dziwne	merkwürdig, sonderbar
w Niemczech	in Deutschland
tygodniowo (88)	wöchentlich
medycyna	Medizin
gimnazjum	Gymnasium
komunikacja miejska	öffentliche Verkehrsmittel (in der Stadt)

5f

czy to prawda?	ist das wahr?
jak sądzisz?	was meinst du?
sądzić	meinen, glauben
bo ja wiem...	tja, wenn ich das wüßte... *(Ausdruck des Zögerns)*
niełatwo	nicht leicht
dbać o linię	auf die Linie achten
tuczyć	mästen
każdy	jeder
każdego gościa	jeden Gast
Polak, Polacy	der Pole, die Polen
strasznie	*betont:* sehr
to historia	das war einmal (*wörtlich:* das ist Geschichte)
najeść się	sich satt essen
pyszny	lecker, herrlich
jestem tego pewna	ich bin mir dessen sicher
masz rację	du hast recht
drogi	teuer
to zależy	es kommt darauf an, es hängt ab von
nie sądzę	ich glaube nicht

fusy	Kaffeesatz
dlatego, że	deswegen, weil
przeszkadzać	stören
mnie to nie przeszkadza	mich stört es nicht

5g

Dyzio	Koseform von Dionisos
marzyciel	Träumer, Schwärmer
położył się (położyć)	(er) hat sich hingelegt
na łące (łąka)	auf der Wiese
przyglądać się	sich etwas anschauen
niebo	Himmel
błękitne	blau
marzyć	träumen, schwärmen
obłoczki płynące	vorbeiziehende Wölkchen
różowe	rosafarbig
złociste	goldschimmernde
pierzaste	buschig (wie Daunen)
stos	Haufen
byłby	wäre
wtedy	dann
świat	Welt
leżeć	liegen
leżałbym sobie	ich würde mir so liegen
na tej murawie	auf diesem Rasen
wyciągnąłbym rękę	ich würde die Hand ausstrecken
i (bym) jadł	und (ich würde) essen

Lekcja 6

6a

zakup	Einkauf
kostka masła	Päckchen (Würfel) Butter
rogalik	Hörnchen
ani... ani...	weder... noch...
w takim razie	dann, in so einem Fall
którego?	von welchem?
wszystko jedno	egal, ganz gleich
byle świeży	Hauptsache frisch
litr, -y	Liter
pudełko	Schachtel
paczka	Päckchen
słoik	(Weck-)Glas
dag, deko (10 g)	Dekagramm
puszka	Dose, Büchse
torebka	Tüte
tubka	Tube
pasta do zębów	Zahnpasta
ząb, zęby	Zahn, Zähne
karton	Karton
proszek do prania	Waschpulver
butelka	Flasche
warzywa	Gemüse
owoc, -e	Frucht, Obst
pieczywo	Backwaren
nabiał	Milcherzeugnisse und Eier
śliwka	Pflaume
gruszka	Birne
agrest	Stachelbeere
jeżyna	Brombeere
marchew	Möhre
czereśnia, -e	Süßkirsche, -n
truskawka, -i	Erdbeere, -n
wiśnia, -e	Sauerkirsche, -n, Schattenmorelle, -n
winogrono, -a	Weintraube, -n
olej	Öl
mąka	Mehl
cukierek, -rki	Bonbon, -s
orzech (90)	Nuß
do zgryzienia	zum Knacken, zum Zerbeißen
funt	Pfund (500 g)
pani chodzi o	Sie meinen wohl, es geht Ihnen um
nocny chleb	Letzte-Nacht-Brot *(gilt als alt)*
główka	Kopf (Köpfchen)
tabliczka	Tafel (Täfelchen)
kropla, -e	Tropfen
banan (94)	Banane

6c

bar (mleczny)	Billig-Gaststätte (ohne Fleisch)
spożywczy	Lebensmittel-

6d

widzieć, widzi	sehen
rzeczywiście	tatsächlich

trudno	tja, da kann man nichts machen
niech będzie i...	dann eben...
w kantorze	in der Wechselstube
kantor	Wechselstube
zrealizować euroczek	einen Euroscheck einlösen
zaraz, zaraz	Moment mal
wypłacić	auszahlen
w złotówkach	in Zloty(münzen)
możliwe	möglich, mag sein
bank	Bank

6e

na stacji benzynowej	an der Tankstelle
do pełna proszę	bitte voll(tanken)
na ropę	mit Diesel(treibstoff)
bezołowiowa (benzyna)	bleifreies Benzin
oktan	Oktan
innej nie ma	eine andere gibt es nicht
gdzie mam podjechać?	wo soll ich heranfahren?
dystrybutor	Zapfsäule
nakapać	tröpfeln

6f

stoisko	Stand
chciałabym	ich (Frau) möchte
zobaczyć	sich etwas ansehen
bluzka	Bluse
wydaje mi się, że	es scheint mir, daß
wydawać się	scheinen
będzie	(er, sie, es) wird sein
na mnie	für mich
większy	größer
rozmiar	Größe
niebieski	blau
kolor, -y	Farbe
mniejsza	kleiner
krótka	kurz
krótsza	kürzer
dłuższa	länger
droższa	teurer
tania	billig
tańsza	billiger
wąska	eng
węższa	enger
szersza	breiter, weiter
chciałbym	ich (Mann) möchte
przymierzyć	anprobieren
brązowe	braune
sandał, -y	Sandale, -n
jaśniejsze	hellere
ten – tamten	dieser – jener
ta – tamta	diese – jene
to – tamto	dieses – jenes
te – tamte (Mehrzahl)	diese – jene
sukienka	Kleid
spódnica, -e	Rock, Röcke
sweter, -try	Strickjacke, -n
koszula, -e	Hemd, -en
płaszcz, -e	Mantel, Mäntel
spodnie (Mehrzahl)	Hose
popatrz na (+ 4. Fall)	schau mal... an
kurtka	Jacke, Blazer
w sam raz	genau richtig, passend
na ciebie	für dich
żartować sobie	scherzen, das ist wohl ein Witz
musiałbym (musieć)	ich (Mann) müßte
schudnąć	abnehmen
przytyć	zunehmen
z 5 kilo	an die 5 Kilo
kozak	Stiefel
gdzie kupiłaś?	Wo hast du (Frau) gekauft?
pewnie	wohl, wahrscheinlich
komis	(teurer Second-Hand-Shop mit ausländischen Waren)
w komisie	im Komisladen
Skądże!	Um Gotteswillen! Nein! (starke Verneinung)
w tym sklepie	in diesem Laden
na (ulicy) Kopernika	in der Kopernikstraße
(mieć) niewyraźną minę	(was machst du) so ein Gesicht
kupiłem sobie	ich (Mann) habe mir... gekauft
but, -y	Schuh, -e
cisnąć, ciśnie	drücken, einengen
współczuć	mitfühlen, Mitleid haben
znać	kennen
znam ten ból	das kenne ich auch, ich kenne diesen Schmerz
modne (105)	modisch
torebka	(Damenhand-)Tasche
czapka (106)	Mütze
szalik (107)	Schal

rękawiczka	Handschuh
marynarka	Jackett (Herrenanzug)
parasol, -e	(Regen-)Schirm, -e

6g

w piątek	am Freitag
piątek	Freitag
spotkamy się (spotkać)	wir treffen uns
na dworcu	am Bahnhof
będę miała	ich *(Frau)* werde haben
mieć na sobie	anhaben
futrzana	Pelz-
walizka	Koffer
w czwartek (108)	am Donnerstag
czwartek	Donnerstag
będę miał	ich *(Mann)* werde haben
nawet (110)	sogar
spis ulic	Straßenverzeichnis
na balkonie	auf dem Rang
obuwie (111)	Schuhwerk
piekarnia	Bäckerei
warzywniczy	Obst- und Gemüseladen
apteka	Apotheke
wata	Watte
plaster	Pflaster
księgarnia	Buchhandlung
SAM (samoobsługowy)	Lebensmittelladen mit Selbstbedienung
sklep odzieżowy	Textilgeschäft

6h

Zgaduj Zgadula	Ratespiel
kogo z nas	wen von uns
mam na myśli	ich meine, ich habe im Sinn
myśl, -i	Gedanke, -n
dżinsy	Jeans
w kratkę	kariert
w paski	gestreift
w kwiatki	geblümt
zgadza się	es stimmt

6i

letnia	Sommer-, sommerlich
kultura	Kultur
początkujący	Anfänger
zaawansowany	Fortgeschrittener

trwać	dauern
od ... do ...	von ... bis ...
tydzień, tygodnie	Woche, -n
ilość	Menge, Anzahl
zajęcia *(Mehrzahl)*	Unterricht
wykład	Vorlesung, Vortrag
grupa	Gruppe
około	ungefähr
program, -y	Programm
zwiedzanie	Besichtigung
wycieczka	Ausflug
kulturalny	kulturell
muzeum, -zea	Museum, Museen
galeria, -ie	Galerie, -n
artysta, -ści	Künstler
pisarz, -rze	Schriftsteller
plastyk, -ycy	bildende, -r Künstler
polityk, -ycy	Politiker
czterotygodniowy	vierwöchiger
w programie	im Programm
w sobotę	am Samstag
w soboty	samstags
w niedzielę	am Sonntag
w niedziele	sonntags
myślę, że	ich glaube, daß
myśleć	denken, glauben
krakowski	Krakauer
niż	als
wrocławski	Breslauer
gorsza	schlechter
bardziej intensywny	intensiver (mehr intensiv)
mniej	weniger
ciekawszy	interessanter
tradycja (113)	Tradition

6j

silnik	Motor
cylindrowy	Zylinder-
czterotaktowy	Viertakter
pojemność	Volumen
moc	Stärke
koń mechaniczny (KM)	Pferdestärke (PS)
szybkość	Geschwindigkeit
zużycie	Verbrauch
długość	Länge
szerokość	Breite
wysokość	Höhe

maluch	Knirps (*umgangssprachlich für:* Fiat 126 p)
wygodniejszy	bequemer
oszczędny	sparsam
praktyczniejszy	praktischer
silniejszy	stärker
słabszy	schwächer
nowszy	neuer
starszy	älter
Coś ty!	Ach was! Quatsch! (*starke Verneinung*)
kieszeń, -nie	Tasche, -n (in der Kleidung)
nie na moją kieszeń	über meine finanziellen Möglichkeiten hinaus
zadowolony z (+ 2. Fall)	zufrieden mit
spróbuj (spróbować)	probiere (versuchen, probieren)
porównać	vergleichen
gadać	(viel) reden, quatschen, plappern
mam już dość	ich habe es satt, mir reicht es
zdrowa (118)	gesund
znowu	wieder
zdał egzaminy	(er) hat die Prüfungen bestanden
kiedy	wann
planować	planen
was	euch
sprzedany	verkauft
siedzenie	Sitz
o połowę mniej	halb so viel
niższa opłata	niedrigere Gebühr
naprawa, -y	Reparatur, -en
co prawda	zwar
głównie	hauptsächlich
w mieście	in der Stadt
i tak	sowieso
zaparkować	parken
po okolicy	durch die Umgebung

Lekcja 7

7a

jak dojść do (+ 2. Fall)	wie komme ich zu, wie kommt man zu
ratusz	Rathaus
proszę iść	gehen Sie
prosto	geradeaus
skrzyżowanie	Kreuzung
skręcić	abbiegen
plac, -e	Platz, Plätze
na prawo	nach rechts
po lewej stronie	auf der linken Seite, links
powiedzieć	sagen
dość daleko	recht weit
proszę iść tą ulicą	gehen Sie diese Straße entlang
minąć	an etwas vorbeikommen, etwas passieren
aż pan / pani minie park	bis Sie am Park vorbei sind
za	hinter
pójść	gehen
najbliższy	der nächste
postój, -oje taksówek	Taxistand, -stände
róg	Ecke
za rogiem	um die Ecke, hinter der Ecke
przejść	überqueren, gehen über
po drugiej stronie	auf der anderen (zweiten) Seite
trzeci	dritter
czwarty	vierter
nie mogę trafić do (119)	ich kann nicht zu ... finden
budka telefoniczna	Telefonzelle

7b

jak dojechać do	wie fahre ich zu
światła	Ampel
na światłach	an der Ampel
przez osiedle	durch die Siedlung
zobaczyć	sehen, erblicken, bemerken
przed	vor
most, -y	Brücke, -n
przejechać przez (+ 4. Fall)	durchfahren durch
zaczynać się	beginnen
o ile wiem	sofern ich weiß, ich glaube
zamknięta	geschlossen
jechać na ulicę ...	zur ... Straße fahren
wrócić	zurückkehren

przystanek (122)	Haltestelle
słowo (125)	Wort

7 c

rzeka	Fluß
nie całkiem	nicht ganz (richtig)
kościół, -oły	Kirche, -n
kamieniczka	altes Giebelhaus

7 d

tym tramwajem	mit dieser Straßenbahn
wysiąść	aussteigen
jedynka	Eins (Linie Nr. 1)
dwójka	Zwei (Linie Nr. 2)
trójka	Drei
objazd (126)	Umleitung

7 e

którym autobusem?	mit welchem Bus?
teatr	Theater
botaniczny	botanischer
wolność	Freiheit
polna	Feld-
port	Hafen
dworzec główny	Hauptbahnhof
opera	Oper

7 f

czym dojeżdżasz	womit fährst du (zur Arbeit)
różnie	unterschiedlich
czasem	manchmal
najczęściej	meistens, am häufigsten
stawać, staje	anhalten
spóźniać się	sich verspäten
kolejka	S-Bahn
rower	Fahrrad
pieszo, na piechotę	zu Fuß

7 g

dom towarowy	Warenhaus
w domu towarowym	im Warenhaus
tablica	Tafel
drogeria	Haushaltschemie und Kosmetika
papierniczy	Papierwaren
jubiler	Juwelier
zabawka	Spielzeug
pasmanteria	Kurzwaren
materiał, -y	Stoff, -e
artykuł, -y	Artikel
fotograficzny	Foto-, fotografisch
sprzęt	Geräte, Zubehör
elektryczny	elektrisch
dywan	Teppich
drobiazg	kleiner Gegenstand, Kleinigkeit
na którym piętrze	in welchem Stock
niech pan / pani zapyta	fragen Sie mal

Lekcja 8

8 a

kalendarz, -e	Kalender
Nie wiesz?	Weißt du?
jedenastego	am elften
za trzy dni	in drei Tagen
którego	den wievielten
Jak ten czas leci!	Wie die Zeit vergeht!
pojutrze	übermorgen
miesiąc, -e	Monat, -e
imieniny	Namenstag
styczeń	Januar
luty	Februar
marzec	März
kwiecień	April
maj	Mai
czerwiec	Juni
lipiec	Juli
sierpień	August
wrzesień	September
październik	Oktober
listopad	November
grudzień	Dezember

8 b

solenizant, -ka	Geburtstagskind
życzyć	wünschen
Wszystkiego Najlepszego!	Alles Gute!, Alles Beste!
żyć, żyje	leben
Niech żyje!	Hoch soll sie / er leben!

nam	uns
bis	nochmal *(es soll wiederholt werden)*
Wesołych Świąt!	Frohe Festtage!
święto	Feiertag, Festtag
życzenie	Wunsch
z okazji	anläßlich
Boże Narodzenie	Weihnachten
powrót, -oty (132)	Rückkehr
zdrowie	Gesundheit
szczęście	Glück
radość	Freude
pełno	voll, *hier:* Haus voll Gäste
droga życia	Lebensweg

8c

obchodzić	feiern, begehen
Dzień Kobiet	Tag der Frau
Andrzejki *(Mehrzahl)*	Andreastag
państwowe	staatliche, Staats-
konstytucja	Verfassung, Grundgesetz
niepodległość	Unabhängigkeit
kościelne	kirchliche
Wielkanoc	Ostern (Sonntag + Montag)
Boże Ciało	Fronleichnam (Feiertag)
Święto Zmarłych (Zaduszki)	Allerheiligen (Feiertag)
zmarły	Verstorbener
wiosna	Frühling
lato	Sommer
jesień, -nie	Herbst
zima	Winter

8d

po południu	am Nachmittag
kino	Kino
pomysł, -y	Idee, -n
dentysta, -yści	Zahnarzt, -ärzte
sztuka	Stück
filharmonia	Philharmonie
koncert, -y	Konzert, -e
spacer	Spaziergang
pójść na spacer	spazierengehen
czemu nie	warum (denn) nicht
przed południem	am Vormittag
po bilety	um die Karten zu holen
wyjeżdżać	verreisen
trening (133)	Training

8e

prezent	Geschenk
umówić się	sich verabreden
poniedziałek, -łki	Montag
wtorek, -rki	Dienstag
środa, -y	Mittwoch
człowiek, ludzie	Mensch, Leute
odebrać	abholen
prawie (135)	fast

8f

mucha, -y	Fliege, -n
korzystać	nutzen, anwenden
czysta	sauber
kąpać się, kąpie się	baden
smoła	Pech, Teer
czernina	(dunkle Suppe mit Entenblut)
potem	dann, danach
sos tatarski	Tatarensoße
morela, -e	Aprikose, -n
co miała z tego	was hatte sie davon
zmartwienie	Kummer, Sorge, Problem
z brudu	vor Schmutz
lepić się	kleben
wykąpać się	baden
w wodzie	im Wasser

8g

niedługo	bald
co by kupić	was könnte, sollte man kaufen
na prezent	als Geschenk
banalne	banal
płyta	Schallplatte
zaprosić	einladen
na pewno	sicherlich
ucieszyć się	sich (er)freuen
postarać się	besorgen, sich darum bemühen

8h

kasa	Kasse

dziś grają	heute wird … gespielt	nas	uns
król	König	cieszyć się (+ 2. Fall)	sich freuen über
komedia, -ie	Komödie, -n	cieszymy się z	wir freuen uns über
mieszczanin	Bürger	co by pokazać	was könnte / sollte man zeigen
szlachcic	Edelmann		
rząd, rzędy	Reihe, -n	zastanawiać się	sich Gedanken machen, überlegen
w rzędzie	in der Reihe		
miejsce	(Sitz-)Platz	odpocząć	sich erholen, ausruhen
		najpierw	zuerst
		skarbiec	Schatzkammer
8i		w samym centrum	direkt im Zentrum
z nami	mit uns	podpisano	(es) wurde unterschrieben
(po)jechać na wycieczkę	einen Ausflug machen		
ferie wielkanocne	Osterferien	pokój	Frieden
zwiedzić	besichtigen	wojna trzydziestoletnia	Dreißigjähriger Krieg
pociąg	Zug	przejść się	spazierengehen, flanieren
samolot	Flugzeug		
lecieć, leci	fliegen	paradna	Schmuck-, Parade-
rano	früh, am Morgen	tutejszy	hiesiger
odlot	Abflug	starczyć	genügen, reichen
powrót	Rückkehr, Rückreise	zostawić	lassen
zorganizowany	organisiert	je	sie (4. Fall)
pierwszego dnia	am ersten Tag	poza tym	außerdem
przewodnik, -nicy	Fremdenführer	skansen	Freilichtmuseum
pokazać	zeigen	słynna	berühmte
nam	uns	częściowo	teilweise
ważne	wichtige	średniowieczny	mittelalterlich
zabytek, -tki	Sehenswürdigkeit	zamek obronny z fosą	Wasserburg
Starówka	Altstadt	pochodzić po sklepach	durch die Geschäfte gehen
zwiedzać	besichtigen		
Zamek Królewski	Königsschloß	dzień świąteczny	Feiertag
pałac	Palast	wykorzystać	ausnutzen
wracać	zurückkehren	ani jednego dnia	keinen einzigen Tag
na wieczór	für den Abend	stracić	verlieren
Teatr Narodowy	Nationaltheater	niecierpliwie	ungeduldig
ostatni dzień	letzter Tag	pismo	Handschrift
poszukać	suchen	lepiej	besser
w Cepelii	im Kunstgewerbeladen	kropka	Punkt
przyjemność	Annehmlichkeit, hier: Spaß	kreska	Strich
		pomnik	Denkmal
zastanowić się	überlegen	fontanna	(Spring-)Brunnen
katedra	Dom	mur	Mauer
koncert organowy	Orgelkonzert	urządzenie	Anlage

8j

dziękować za (+ 4. Fall)	sich bedanken für
wiadomość, -ści	Nachricht, -en
przyjeżdżać	(an)kommen
odwiedzić	besuchen

Lekcja 9

9a

Która godzina?	Wie spät ist es?

zbliżać się	es wird, es nähert sich	codziennie (141)	täglich
Podajemy wiadomości.	Wir senden Nachrichten.	dni powszednie	Werktage
komunikat drogowy	Verkehrsbericht	otwarta	geöffnet
prognoza pogody	Wettervorhersage	uśmiech	Lächeln
		noc poślubna (142)	Hochzeitsnacht

9b

o której godzinie?	um wieviel Uhr?	**9c**	
telewizja	Fernsehen	odjeżdżać	abfahren
młody	jung	na miejscu	an Ort und Stelle
dynastia	Dynastie	rozkład jazdy	Fahrplan
serial	Fernsehserie	centralny	Zentral-
produkcja	Produktion	odjazd	Abfahrt
francuski	französisch	przyjazd	Ankunft
dokumentalny	Dokumentar-	peron	Bahnsteig
wersja	Version, Fassung		
oryginalny	original	**9d**	
giełda	Börse	połączenie	Verbindung
szansa	Chance	z przesiadką	mit Umsteigen
ang. = angielski	englisch	bezpośrednie	direkte
cywilizacja	Zivilisation	ekspres	Express
kosmos	Weltall	pośpieszny	D-Zug, Eilzug
stacja	Station	zero (143)	Null
orbitalna	(Erd-)Umlaufbahn-	osobowy	Personenzug
komputer	Computer		
muzyczna	musikalische	**9e**	
klinika	Klinik	w kasie	an der Kasse
magazyn	Magazin	miejscówka	Platzkarte
katolicki	katholisch	klasa	Klasse
wieczorynka	Gute-Nacht-Programm	w której klasie?	in welcher Klasse?
zagadka	Rätsel	przedział	Abteil
minister	Minister	niepalący	Nichtraucher
kryminalny	Kriminal-	w przedziale dla niepa-	im Nichtraucherabteil
studio	Studio	lących	
klub	Club	jeśli to możliwe	wenn es geht, falls es
włoski	italienisch		möglich ist
technika	Technik		
przygoda	Abenteuer	PKP = Polskie Koleje	Polnische Eisenbahn
komentarz	Kommentar	Państwowe	
narciarstwo	Skisport	przejazd	Durchfahrt
boks	Boxen	w ciągu	im Laufe, während
tenis	Tennis	bilet ważny	die Karte ist gültig
wiara	Glaube	na bilecie	auf der Fahrkarte
redakcja	Redaktion	brak mi (146)	es fehlt mir, ich habe
pokolenie	Generation		kein / keine ...
piosenka kabaretowa	Kabarettlieder		
wczoraj	gestern	Niech to diabli!	Zum Teufel!
koło fortuny	Glücksrad	w pracy	in der Arbeit
teatralny	Theater-	wagon sypialny	Schlafwagen
koniec	Schluß, Ende		

9f

historyjka	Geschichte, Erzählung
kolejka miejska	Stadtbahn
gotowy	bereit
w chwili	im Moment
konduktor, -rzy	Schaffner
znak	Zeichen
dawać, daje	geben
wchodzić	hereinkommen
trzech facetów	drei Typen
facet	Typ, Kerl
wyraźnie	deutlich, sichtbar
zawiani	angesäuselt, betrunken
podtrzymywać się	sich halten
wzajemnie	gegenseitig
upaść	fallen
podśpiewywać sobie	aus guter Laune singen
ruszać	sich in Bewegung setzen
przechodzić w galop	in Galopp übergehen
dwóch	zwei (Männer)
wskakiwać, -uje	einspringen
zostawać, zostaje	bleiben
śmiać się do łez	Tränen lachen
łza	Träne
przechodzień	Passant
uciekła	(sie ist) davongefahren
chcieli	(sie) wollten
odprowadzić na pociąg	zum Zug bringen, begleiten

9g

pożegnanie	Abschied
gościna	Gastfreundschaft
nie ma za co	keine Ursache, nichts zu danken
pozdrowić	grüßen

9h

tor	Gleis
przy peronie	am Bahnsteig
trasa	Strecke
przyśpieszony	beschleunigter
zajęte	besetzt
zresztą (150)	übrigens
wcale nie	gar nicht, überhaupt nicht

9i

Którą pan / pani ma godzinę?	Wie spät haben Sie?
dokładnie	genau
za dwie minuty trzecia	zwei vor drei, 2 Minuten vor 3 Uhr
zegarek stoi	die Uhr steht
stać, stoi	stehen
dziesięć po jedenastej	zehn nach elf
gdzieś około	so gegen, ungefähr
wpół do szóstej	halb sechs

9j

pośpieszyć się	sich beeilen
wyjść	ausgehen

9k

głupi	dumm, blöd
denerwować się, -uje	sich aufregen, sich beunruhigen
tak jakoś wyszło	es kam irgendwie so
tym razem	diesmal
wina	Schuld
to wszystko przez	ist an allem schuld
wymówka	Ausrede
jak zwykle	wie immer, wie üblich, wie gewöhnlich

9l

Cholera!	Mist!
zaspałem (zaspać)	ich (Mann) habe verschlafen
wstawać	aufstehen (vom Schlaf)
śpieszyć się	sich beeilen
myć, myje się	sich waschen
golić się	sich rasieren
ubierać się	sich anziehen
wychodzić	ausgehen
nie mam na to czasu	ich habe keine Zeit dafür
biuro	Büro
dojazd	Anfahrt (zur Arbeit)
ciągle jeszcze	immer noch
stanął (stanąć)	stehengeblieben
w nocy	in der Nacht
co kilka minut	alle paar Minuten
Do diabła!	Zum Teufel!
wcześnie	früh

przerwa (153)	Pause	wpaść	vorbeikommen
rozmawiać	sich unterhalten	koleżanka	Freundin
transmisja, -sje	Übertragung, -en	występ	Auftritt
olimpiada	Olympiade	idziecie?	kommt ihr mit?

Lekcja 10

10 a

szkoła podstawowa	Grundschule
uczyć	unterrichten
po drodze	unterwegs
załatwić	erledigen
sprawa, -y	Angelegenheit
wstępować, -uje	hereinkommen, hereinschauen
na koniec	zum Schluß
gaz	Gas
światło	Licht, *hier:* Strom(gebühren)
rata, -y	Rate
konferencja	Konferenz
z powodu	wegen
zatłoczony	gefüllt
dyskutować, -uje	diskutieren
na temat	zum Thema
plan	(Lehr-)Plan
na przyszły rok	für das nächste Jahr
dużo do roboty	viel zu tun, viel zu arbeiten
zdążyć	(etwas) schaffen *(zeitlich)*
posprzątać	Ordnung machen
przygotować, -uje	vorbereiten
zanim	bevor
pomagać	helfen
przy tym	dabei
spędzić	verbringen
posiedzieć	sitzenbleiben

10 b

przedtem	davor
sąsiad, sąsiadka	Nachbar, -in
rynek	Markt
urząd meldunkowy	Einwohnermeldeamt
urząd, urzędy	Amt, Ämter
po formularze	um Vordrucke zu holen
może wpadniesz?	kommst du vorbei?

10 c

raczej	eher, eigentlich
dzień w dzień	Tag für Tag
to samo	dasselbe
obudzić	wecken
odwozić	wegfahren
lecieć do biura	zum Büro laufen
sam	selbst, allein
odbierać	abholen
zmywać naczynia	Geschirr spülen
sprzątać	aufräumen
prać, piorę, pierze	Wäsche waschen
czasami	manchmal
oglądać telewizję	fernsehen
zmęczona	geschafft, müde
no bo	da nun
wstać	aufstehen
chwała Bogu	Gott sei Dank!
napisać (155)	(auf)schreiben
monotonne	monoton, eintönig
rzadki	seltener

10 d

zajmować czas, -uje	dauern, Zeit beanspruchen
wnieść skrzynki	Kästen hineintragen
ułożyć prasę	Zeitungen (Presse) zurechtlegen
klient, -nci	Kunde, -n
odwieźć	wegbringen, hinfahren
towar	Ware
hurtownia	Großhandel
wchodzić do (+ 2. Fall)	hineinpassen
między	zwischen
ruch	Verkehr
lada	Theke
babcia	Oma
wpadać	vorbeikommen
faktura	Lieferschein, Rechnung
lista	Liste
na następny dzień	für den nächsten Tag
przeważnie	meistens, überwiegend
lubię swoją pracę	ich mag meine Arbeit

męcząca	anstrengend	**10 e**	
skarżyć się	sich beschweren	wywiad	Interview
harować, -uje	schuften, sich abrackern	jednocześnie	gleichzeitig
za grosze	für wenig Geld	zespół	Team, Mannschaft
grosz	polnischer „Pfennig"	słynąć	berühmt sein
pracownik umysłowy	Büroangestellte/r	wygrywać	gewinnen
dział	Abteilung	konkurs	Wettbewerb
księgowość	Buchhaltung	otrzymywać, -uje	erhalten
prowadzić	führen	nagroda	Preis
gospodarka materiałowa	Materialverwaltung	architektoniczny	architektonisch
trudno powiedzieć	schwer zu sagen	przeprowadzać	durchführen
zarabiać	verdienen	z nią	mit ihr
nerwowa atmosfera	angespannte Atmosphäre	pytać o (+ 4. Fall)	fragen nach (etwas)
dług	(Geld-)Schuld	między innymi	unter anderem
produkcja	*hier:* die Erzeugnisse	życie prywatne	Privatleben
redukować, -uje	reduzieren	mężatka	verheiratete Frau
personel	Personal	cały etat	volle Stelle
bać się, boję, boi	Angst haben	żłobek	Kinderkrippe
zlikwidować	auflösen	przy zakładzie	im Betrieb, in der Firma
sprywatyzować	privatisieren	opieka	Betreuung
prawdziwa katastrofa	eine wahre Katastrophe	pospać (164)	etwas schlafen
bezrobotna	arbeitslos		
w moim wieku	in meinem Alter		
wiek	Alter		
tyle co żadne	so gut wie keine	**Lekcja 11**	
semestr	Semester		
ćwiczenie	*hier:* Übungsseminar	**11 a**	
porozrzucane	(auseinander) verstreut	czym się interesujesz?	wofür interessierst du dich?
biblioteka na wydziale	Seminarbibliothek	muzyka	Musik
wydział	Seminar, Fakultät	próbować, -uje	probieren, versuchen
uporządkować	ordnen	reportaż	Reportage
notatka	Notiz	książki popularno-naukowe	Sachbücher
zaglądnąć	hineinschauen		
prawniczy	juristisch	pasja	Passion, Leidenschaft
publikacja	Veröffentlichung	aktywny	aktiv
egzamin	Prüfung, Examen	w lecie	im Sommer
pod koniec	gegen Ende	pływać	schwimmen
podjęcie pracy	Arbeitsaufnahme	piłka nożna	Fußball
dorobić	nebenbei verdienen	w zimie	im Winter
stypendium	Stipendium	jeździć na narty	in Skiurlaub fahren
załatwić	organisieren, beschaffen	w góry	ins Gebirge
malować, -uje	streichen, malen	uprawiać jogging	joggen (Jogging betreiben)
oznakowania uliczne	Straßenmarkierungen		
jezdnia	Fahrbahn	to każdemu dobrze zrobi	das tut jedem gut
regularnie (156)	regelmäßig	trudno powiedzieć	schwer zu sagen
punktualnie	pünktlich	niczym	für nichts
jak (pan / pani) go zobaczy	wenn Sie ihn sehen	szczególnie	besonders
		wędkarstwo	Angeln
przypominać (157)	erinnern an	fanatyk, -ycy	Fanatiker
palić	rauchen		

chodzić na ryby	angeln gehen	mieć ze sobą	dabei haben
hobby	Hobby	okulary *(Mehrzahl)*	Brille
w czasie wolnym od pracy	in der Freizeit	pianino (169)	Klavier
		orkiestra	Orchester
zajmować się, -uje	sich beschäftigen, sich befassen	instrument	Instrument
		poezja	Poesie
w ogrodzie	im Garten	wypożyczać (169)	ausleihen
gdzieś	irgendwo	wiersz, -e	Gedicht, -e
las	Wald	łowić ryby	fischen
		powieść, -ści	Roman, -e
		naprawiać	reparieren
11 b		szyć, szyje	nähen
malarstwo	Malerei	gimnastykować się, -uje (170)	Gymnastik machen
No pewnie!	Na klar!		
nienawidzieć	hassen	opowiadać (170)	erzählen
I to jak!	Ja und wie! Ja und ob!	przeźrocze	Dia
kochać	lieben	plotkować, -uje	Gerüchte erzählen, klatschen
umieć	können, beherrschen		
karta	(Spiel-)Karte	iść w gości	zu Besuch gehen, besuchen
fotografować, -uje	fotografieren		
zbierać	sammeln	towarzyskie	Gesellschafts-
samochodowy	Auto-		
bawić się	spielen, sich amüsieren, sich die Zeit vertreiben	**11 c**	
		ostatnio	neuerdings, zuletzt
z dziećmi	mit Kindern	opowiadanie	Erzählung
grać w pingponga	Tischtennis spielen	artykuł	(Zeitungs-)Artikel
numizmatyka	Briefmarken sammeln	całkiem nieźle mi to idzie	es klappt ganz gut
majsterkować, -uje	basteln		
robić na drutach	stricken	zapamiętać	sich merken
polityka	Politik	pamięć	Gedächtnis
żeglarstwo	segeln	zalecać	empfehlen, anraten
podróżować, -uje	reisen	robienie	Anfertigen, Herstellen
śpiewać	singen	lista	Verzeichnis, Liste
siatkówka	Volleyball	słówko	Vokabel
filmować, -uje	filmen	powtarzanie	Wiederholen, Wiederholung
wędrować, -uje	wandern		
po górach	in den Bergen	zdanie	Satz
tańczyć	tanzen	na pamięć	auswendig
jeździć konno	reiten	uważać	halten, einschätzen
polować, -uje	jagen	przepisywanie	Abschreiben
prawo administracyjne (167)	Verwaltungsrecht	natomiast	dagegen
		słuchanie	Hören
administracja	Verwaltung	kaseta	Kassette
listonosz, -e	Briefträger	nagrany	bespielt, aufgenommen
pasjonować się, -uje	schwärmen für	rozmówka	(Lern-)Dialog
zliczyć	zusammenzählen	podręcznik	Lehrbuch
prowadzić samochód (168)	Auto fahren	wyrażenie	Ausdruck
		im ... tym ...	je ... desto ...
paznokieć, -kcie	Fingernagel, -nägel	tłumaczenie	Übersetzen, Übersetzung

sprawdzić	prüfen	osiągnąć	erreichen
zrozumienie	Verstehen	rezultat	Resultat, Ergebnis
płynnie	fließend	na liście	in der Liste
za pomocą	mit Hilfe	powyżej	über, oberhalb
bronić się	sich wehren	pogratulować, -uje	gratulieren
metoda	Methode	nauka	Lernen
uzupełnianie	Ergänzung	sukces	Erfolg
brakujące słowo	fehlendes Wort	zapewniony	gesichert
wypełniać	ausfüllen	brać przykład	Beispiel nehmen
luka	Lücke	brać, biorę, bierze	nehmen
nic nie daje (173)	es bringt (taugt) nichts		
Eee tam ...	*(man bezweifelt etwas stark)*		

Lekcja 12

11 d

12a

starać się	sich bemühen	wczasy	Erholungsurlaub
zaległości	Rückstände	na wczasach	in Urlaub
przede wszystkim	vor allem	nad jeziorem	am See
konwersacja	Konversation	chłopak	Junge
odrabiać lekcje	Hausaufgaben machen	płynąć łódką	mit einem Boot fahren
póki pamiętam	solange ich (noch) weiß	nurek	Taucher
zarezerwować, -uje	reservieren	pokazywać, -uje	zeigen, hinweisen
co najmniej	wenigstens	wędkarz	Angler
powtórka	Wiederholung	nurkować, -uje	tauchen
materiał	Stoff	ratować, -uje	retten
zapisywać sobie, -uje	sich etwas aufschreiben	wymyślać komuś	schimpfen mit jemand
pytanie	Frage	krzyczeć, krzyczy	schreien
na zajęciach	im Unterricht	budować, -uje	bauen
zasada	Prinzip	piasek	Sand
błądzić	irren	opalać się	sich sonnen
ze słuchu	vom Hören	pejzaż, -e	Landschaft, -en
jak najczęściej	so oft wie möglich	na placu zabaw	auf dem Spielplatz
rozszerzyć	erweitern	mężczyzna	Mann
słownictwo	Wortschatz	w spodniach	in der Hose
pograć	etwas spielen	huśtać	schaukeln
zabawa, -y	Spiel	dziewczynka	Mädchen
poznać	kennenlernen	ławka	Bank (zum Sitzen)
w duchu	im Geiste	na ławce	auf der Bank
nadarzająca się okazja	sich bietende Gelegenheit	kręcić się	sich drehen
możliwość	Möglichkeit	na karuzeli	am Karussell
wykorzystywać, -uje	nutzen	flirtować, -uje	flirten
wskazówka	Hinweis	płakać, płacze	weinen
zacząć	anfangen	pozować, -uje	posieren
zobaczyć	sehen, sich überzeugen	pakować bagaże, -uje	Gepäck packen
opłacać się	sich lohnen	bagaż	Gepäck
angażować się	sich engagieren	stać po lody	für ein Eis anstehen
w ten sposób	auf diese Art und Weise, so	wrzucać	einwerfen
		skrzynka	Kasten

zabawiać się	sich amüsieren	zioła	Kräuter
brać prysznic	duschen	odległe	entfernte
złościć się, złoszczę się, złości się	sich ärgern	siadać	sich setzen
		przewodnik	Führer *(Buch)*
opatrunek	Verband	ruszać	losziehen
meldować się, -uje	sich melden	zatrzymywać się, -uje	anhalten
pod lasem	am Wald	najważniejszy jest luz	das wichtigste ist Freiheit, Spontaneität
biegnąć, biegnie	laufen, rennen		
trenować, -uje	trainieren	planowany	geplant
		poznawać, poznaje	kennenlernen
12 b		dawne	frühere
zamierzać	beabsichtigen, vorhaben	po roku	nach einem Jahr
położyć się	sich hinlegen	oszczędzać	sparen
zagramy?	spielen wir?	przyczepa kampingowa	Campinganhänger
żaglówka	Segelboot	zmiana otoczenia	Wechsel der Umgebung
dyskoteka	Diskothek	niezależny	unabhängig
popływać	etwas schwimmen	co ważniejsze	was noch wichtiger ist
ścieżka zdrowia	Trimm-dich-Pfad	bliżej	näher
z nim	mit ihm	nie ma to jak ...	es gibt nichts Besseres als ...
przeprosić	sich entschuldigen		
w dresie (177)	mit Sport-/Freizeitanzug	namiot	Zelt
od samego początku	gleich von Anfang an	paczka zgranych ludzi	eingespielte Clique
magazyn	(Waren-)Lager	kolega, koledzy	Freund, -e
nigdy	nie, niemals	zabierać	mitnehmen
sympatyczna	sympathische	w drogę!	los!
kolejka	(Menschen-)Schlange	rozwiązać problem (180)	Problem lösen
źle wychowane	schlecht erzogen	najdalej za tydzień	spätestens in einer Woche
nieść, niosę, niesie	tragen		
nie warto	es lohnt nicht (ist nicht wert)	zdecydować się	sich entscheiden
		coś się stanie	es wird etwas passieren
dyskretnie	diskret	nas nie stać na (+ 4. Fall)	wir können uns nicht leisten
siedzieć	sitzen		
		dosyć	satt, genug
		pensjonat	Hotel, Pension
12 c		miejscowość, -ści	Ort, Ortschaft
spędzać	verbringen	nudne	langweilig
granica, -e	Grenze, -n	statek wycieczkowy	Kreuzfahrtschiff
za granicą	im Ausland (hinter der Grenze)	Morze Śródziemne	Mittelmeer
		towarzystwo	Gesellschaft
zależy mi na tym	es liegt mir daran		
morze	Meer	**12 d**	
plaża, -e	Strand, Strände	nie ma nas	wir sind nicht da
słońce	Sonne	za parę dni	in ein paar Tagen
na słońcu	in der Sonne	plecak	Rucksack
klimat	Klima	bądźcie zdrów!	bleibt gesund!
polegać na (+ 6. Fall)	sich verlassen auf	schować	verstecken, aufbewahren
we Włoszech	in Italien	w lesie	im Wald
zagwarantowana	garantiert	chłodny	kühl
po lasach	durch die Wälder	cień	Schatten

przyjedziemy lada dzień	wir kommen bald, in den nächsten Tagen
drzewo	Baum
ptak	Vogel
słońcu każe odkryć twarz	läßt die Sonne das Gesicht aufdecken
kazać	befehlen

12 e

byłeś	du *(Mann)* warst
kiedyś	mal, irgendwann
pewnie już znasz	du kennst wohl schon
na Zachodzie	im Westen *(Westeuropa + Nordamerika)*
Takiemu to dobrze.	Dem geht's gut.
i to wszystko	und damit hat es sich, und das wäre es schon
północ	Norden
na północy	im Norden
południe	Süden
na południu	im Süden
wschód	Osten
na wschodzie	im Osten
zachód	Westen
na zachodzie	im Westen

12 f

jak było	wie war es
opalona	braungebrannt
fatalne	fatal
nie było deszczu	es gab keinen Regen
deszcz	Regen
upał	Hitze
nie do zniesienia	nicht zu ertragen

12 g

przewidywać, -uje	voraussehen, rechnen mit
zachmurzenie	Bewölkung
umiarkowane	gemäßigte
przelotne opady	vorübergehende Niederschläge
wiatr	Wind
północny	nördlich
temperatura	Temperatur
stopień, -pnie	Grad
prognoza	(Wetter-)Vorhersage
w dzień	am Tage
zmienna	wechselhaft
mgła	Nebel
ma padać	es soll regnen

Lekcja 13

13 a

nie było cię	du warst nicht da
nie wiedziałam	ich *(Frau)* habe nicht gewußt
kanapka (185)	belegte Brotschnitte
odpisać na list	zurückschreiben, einen Brief beantworten
właśnie (186)	eben, gerade
wyglądać	aussehen
mieć pecha	Pech haben
po prostu	einfach
wylądować	landen
mówię ci (187)	glaube mir, das sag ich dir *(stöhnend)*
zupełnie	völlig
całować, -uje	küssen

13 b

na podwórku	im (Spiel-)Hof
trwała, -e	Dauerwelle, -n
u którego	bei welchem
jakieś półtora godziny	an die, ca. eineinhalb Stunden
dowiedzieć się	erfahren, in Erfahrung bringen
nikt (191)	niemand
wyłączyć	ausschalten
ważyć	wiegen
reżyser	Regisseur

13 c

przeprowadzka	Umzug
odpisywać, -uje	zurückschreiben
znaleźć	finden
wysłać	abschicken
pożyczyć	leihen
w związku z tym	in Zusammenhang damit
mnóstwo	Menge, sehr viel
zająć się	sich annehmen, sich beschäftigen

wozić, wożę, wozi	fahren, transportieren	wyglądać na (+ 4. Fall)	aussehen wie
przewieźć	befördern	zagraniczny	ausländisch
ciężarówka	LKW	turysta, -yści	Tourist, -en
w mieszkaniu	in der Wohnung	wysoki	groß (hoch)
od przeszło dwóch miesięcy	seit über zwei Monaten	szczupły	schlank
		brunet	dunkelhaarig
urządzać się	sich einrichten	koło czterdziestki	um vierzig (Jahre alt)
sporo	recht viel	wąsy	Schnurrbart
Nic z tego.	Nichts davon. „Pustekuchen."	broda	Bart
		nosić okulary	Brille tragen
złota rączka	begabter Bastler	ubrany	gekleidet
prowizoryczny	provisorisch	podróżna torba	Reisetasche
im	ihnen	wypełnić	ausfüllen
jak na nasze warunki	für unsere Verhältnisse	opisać	beschreiben
w tym roku	in diesem Jahr	zginąć	verlorengehen
dużo miejsca	viel Platz	średniego wzrostu	mittelgroß (von mittlerem Wuchs)
niecierpliwość	Ungeduld		
słać	schicken	tęgi	dick *(salonfähigerer Ausdruck)*
przetransportować, -uje	transportieren		
oddać (193)	zurückgeben	przy sobie	mollig (bei sich)
twierdzić	behaupten, der Meinung sein	przystojny	gute Figur und elegant gekleidet
znajdować się, -uje (198)	sich befinden	zgrabna	gute Figur (bei Frauen)
		okrągła	rund
		przeciętna	durchschnittlich
13 d		brzydka	häßlich
posterunek policji	Polizeiwache	włos, -y	Haar, -e
na posterunku	auf der Wache	gęste	dicht
skradziono nam	es wurden uns gestohlen	gładkie	glatt
dokument	Dokument	kręcone	gelockt, kraus
aparat fotograficzny	Fotoapparat	rude	rot(haarig)
skórzana kurtka	Lederjacke	siwe	weiß(haarig), ergraut
stać się, staje się	geschehen	blondyn	der Blonde
zostawić	lassen	łysy	kahlköpfig
złodziej	Dieb		
dostać się	gelangen		
wybić szybę	Scheibe einschlagen	**13 e**	
nie mam pojęcia	(ich habe) keine Ahnung	ponumerować	numerieren
wejść	hereingehen	liczyć	zählen
na klucz	mit dem Schlüssel		
odchodzić	weggehen		
sprawdzać	prüfen, nachsehen	**13 f**	
parkingowy	Parkwächter	żyć, żyje	leben
podejrzane	verdächtig	historyczny	geschichtlich
zauważyć	bemerken	przedstawiciel, -e	Vertreter
owszem	doch, aber ja	wydać	hergeben, hervorgehen
jak	als	twórca	Schöpfer, Gründer
wysiadać z (+ 2. Fall)	aussteigen aus	państwo	Staat
właściciel	Besitzer	wszedł w układ	(er) schloß einen Vertrag
popołudniowa zmiana	Nachmittagsschicht		

ożenić się	sich verheiraten, sich vermählen	wszechstronnie uzdolniony	vielseitig begabt
czeska księżniczka	tschechische Prinzessin	znakomity dramatopisarz	hervorragender Dramatiker
przyjąć chrzest	sich taufen lassen (die Taufe empfangen)	znany	berühmt, bekannt
zapoczątkować, -uje	anfangen, initiieren	wesele	Hochzeit
w czasie	während	reformator	Reformer
swego (swojego) panowania	seiner Herrschaft	poeta, poeci	Dichter
dla umocnienia	zur Festigung	plastyk, -ycy	bildende/r Künstler
zdobycz	Errungenschaft	praktyka	Praxis
oddać się pod protekcję	sich unter den Schutz stellen	sztuka stosowana	angewandte Kunst
papież	Papst	grafika książkowa	Buchgraphik
w dokumencie	in dem Dokument	okres	Zeitraum
obszar	Gebiet	studia (Mehrzahl)	Studien
umrzeć	sterben	świadczyć	zeugen
objąć	übernehmen	niezliczone	unzählige
władza	Macht	dzieło	(Kunst-)Werk
potęga	Stärke	podziwiać	bewundern
gościć	(als Gast) empfangen	urodzić się	geboren werden
cesarz	Kaiser	po studiach	nach dem Studium
uzyskać	erhalten, erlangen	badania naukowe	Forschung
potwierdzenie	Bestätigung	w dziedzinie (+ 2. Fall)	auf dem Gebiet
niezależność	Unabhängigkeit	fizyka	Physik
koronować, -uje	krönen	chemia	Chemie
jest uważany za (+ 4. Fall)	(er) wird gehalten für	doprowadzić do	hinführen zu
bohater narodowy	Nationalheld	odkrycie	Entdeckung
walczyć o (+ 4. Fall)	kämpfen um	pierwiastek	Element
Stany Zjednoczone	Vereinigte Staaten	promieniotwórczy	radioaktiv
odznaczyć się	sich auszeichnen, sich hervortun	autorka	Autorin
oblężenie	Belagerung	pionierska praca	bahnbrechende Arbeit
przygotowywać, -uje	vorbereiten	jądrowy	Kern(energie)-
powstanie	Aufstand	osiągnięcie	Errungenschaft, Erfolg
mimo, że	obwohl, trotzdem	otrzymać	erhalten
na wzór	nach dem Muster, Beispiel	przez wiele lat	jahrelang
oprzeć	stützen	kierować, -uje	leiten
wysiłek, -łki	Anstrengung, -en	katedra	Lehrstuhl
naród	Volk	zorganizować	organisieren, gründen
poparcie	Unterstützung	pianista, -ści	Pianist, -en
masy	Massen	kompozytor, -rzy	Komponist, -en
chłopskie	Bauern-	ukończyć	absolvieren
ponieść klęskę	Niederlage erleiden	koncertować, -uje	Konzerte geben
demokratyczne	demokratische	wystąpić	auftreten, eine Rolle spielen
związane	verbundene	Sonata księżycowa	Mondsonate
legenda	Legende	działać	wirken
		na rzecz (+ 2. Fall)	zugunsten, in der Sache
		będąca pod zaborami	bleibend unter Besatzung
		ponad 100 lat	über 100 Jahre
		powrócić	zurückkehren

wyzwolony kraj	befreites Land	łysawy	ein wenig kahl
premier	Premier	w kapeluszu	mit dem Hut
wersalski traktat pokojowy	Versailler Friedensvertrag		
reprezentować, -uje	vertreten	**14c**	
delegat, -aci	Abgeordnete/r	obejrzeć się	sich umsehen
Liga Narodów	Völkerbund	zderzenie	Zusammenprall, -stoß
członek, -nkowie (201)	Mitglied	po zderzeniu	nach dem Zusammenstoß
boński	Bonner	przewidzieć	erwarten, vorhersehen
obrona	Verteidigung	wybiec	hinauslaufen
pełnić funkcję	eine Funktion innehaben, ausüben	na czerwonym świetle	bei Rot (roter Ampel, *wörtlich:* Licht)
utracić	verlieren	zahamować	bremsen
opuścić	verlassen	najechać	auffahren
nie dożyć	nicht mehr erleben	jacy chłopcy	was für Jungen
odnieść sukces	Erfolg haben, ernten	biec (biegnąć)	laufen
gruźlica	Tuberkulose	zakręt	Kurve
zdobyć sławę	Ruhm erlangen	na zakręcie	in der Kurve
obraz	Gemälde	wyminąć	vorbeifahren
w sztuce	in der Kunst	zmienić	wechseln
biskup warmiński	Bischof von Warmia (Ermland)	wymijać (202)	vorbeifahren
		wjechać	hineinfahren
poświęcić się	sich widmen	bok	Seite
po śmierci	nach dem Tode	ranny	Verletzter

Lekcja 14

14a

wypadek	Unfall
w chwili, gdy	im Augenblick, als
doszło do wypadku	es kam zum Unfall

14b

zdarzyć się	sich ereignen, passieren
chodnik	Bürgersteig
na chodniku	auf dem Bürgersteig
pasy *(Mehrzahl)*	Zebrastreifen
uczeń	Schüler
wybiegać	hinauslaufen
pies, psy	Hund
odwrócony tyłem	mit dem Rücken zu
kierunek	Richtung
w kierunku	in der Richtung
na rowerze	auf dem Fahrrad
podjeżdżać do (+ 2. Fall)	heranfahren bis
w marynarce w kratę	in der karierten Jacke

14e

po wypadku	nach dem Unfall
udzielać pierwszej pomocy	Erste Hilfe leisten, erteilen
pogotowie	Notarzt, Bereitschaft
kierować ruchem, -uje	Verkehr lenken
wezwać policję	Polizei holen
świadek, -dkowie	Zeuge

14f

za co?	wofür?
mandat	Ordnungsstrafe, Strafzettel
zaparkowany	geparkt
wzdłuż	entlang
ciągła linia	weiße Linie, durchgezogene Linie
środek	Mitte
niedozwolony	nicht erlaubt, unzulässig
zakaz	Verbot
wszelkich pojazdów	jeglicher Fahrzeuge
pojazd	Fahrzeug

14g

którędy	welchen Weg
zaistniał wypadek drogowy	es ereignete sich ein Verkehrsunfall
kierowca	Fahrer
potrącić	anstoßen, verletzen
miejsce wyznaczone	gekennzeichnete Stelle
odjechać	wegfahren
zgłosić się	sich melden
wydział	Abteilung

14h

Ale się pan urządził.	Da haben Sie sich aber zugerichtet.
chłodnica	Kühler
uszkodzona	beschädigt
część	Ersatzteil
zobaczymy	sehen wir mal
co się da zrobić	was sich machen läßt
prądnica	Lichtmaschine
akumulator	Batterie
świeca	Kerze
pasek klinowy	Keilriemen
zepsuty	kaputt
złamany	gebrochen
wgnieciony	eingedrückt
wycieraczka	Scheibenwischer
zderzak	Stoßstange
reflektor	Scheinwerfer
kierownica	Lenkrad
koło	Rad
opona	Reifen
migacz	Blinker
bak	Tank
bagażnik	Kofferraum

Lekcja 15

15a

okaz zdrowia	vor Gesundheit strotzen (ein Vorbild an Gesundheit)
muskuł	Muskel
głowa	Kopf
ucho, uszy	Ohr, -en
oko, oczy	Auge, -n
nos	Nase
usta (Mehrzahl)	Mund
broda	Kinn
szyja	Hals
ramię, ramiona	Schulter
brzuch	Bauch
kolano	Knie
stopa	Fuß
palec	Zeh, Finger
noga, -i	Bein, -e
udo	Oberschenkel
pierś, -si	Brust

15b

utrzymać się	sich halten
powinien	(er) sollte
po pierwsze	erstens
rozsądnie	vernünftig
odżywiać się	sich ernähren
unikać	meiden
mniej a częściej	weniger, dafür aber häufiger
na zapas	auf Vorrat
zrezygnować	verzichten, aufgeben
konsumpcja	Konsum, Verzehr
na korzyść	zugunsten
po drugie	zweitens
przebywać	sich aufhalten
powietrze	Luft
na świeżym powietrzu	an der frischen Luft
na ile się da	so weit es geht
niezależnie od	unabhängig von etwas
rzucić palenie	Rauchen aufgeben
po trzecie	drittens
w ruchu	in Bewegung
najprościej	am einfachsten
pływalnia	Schwimmbad
po czwarte	viertens
sen	Schlaf
organizm, -y	Organismus
dorosły	Erwachsener
zużywać się	sich verbrauchen
stuknęło mi (207)	bin ich alt geworden (umgangssprachlich)
trzymać się	sich halten
napracować się	genug gearbeitet haben
ograniczać się do (+ 2. Fall)	sich einschränken, sich beschränken auf
na starość	im Alter
wyspać się	ausschlafen

15 c

Co panu dolega?	Was fehlt Ihnen (Mann)?
Co panu jest?	Was ist (mit) Ihnen (Mann)? Was haben Sie (Mann)?
boleć	weh tun
w środku	innen, in der Mitte
zbadać	untersuchen
pas	Taille
rozebrać się do pasa	Oberkörper freimachen
położyć się	sich hinlegen

15 d

poczekalnia	Warteraum
w poczekalni	im Warteraum
kręci mi się w głowie	es dreht sich mir im Kopf
boli mnie ząb	mein Zahn tut mir weh, ich habe Zahnschmerzen
gorączka	Fieber
katar	Schnupfen
męczyć	quälen, belästigen
kaszel	Husten
złamać sobie nogę	sich das Bein brechen
skaleczyć się	sich verletzen, sich schneiden
oparzyć się	sich verbrennen
zwichnąć sobie	sich etwas verstauchen
izba przyjęć	(Kranken-)Aufnahme

15 e

chora	krank
angina	Angina
grypa	Grippe
gardło	Rachen
kreska	(Stelle hinterm Komma bei Fieber)
głęboko	tief
oddychać	atmen
coś poważnego	etwas Ernstes
przeziębienie	Erkältung
przepisać	verschreiben
lekarstwo	Arznei
tabletka	Tablette
zażywać	einnehmen
syrop	Sirup
niekoniecznie	nicht unbedingt, nicht notwendigerweise

czuć się, czuje się	sich fühlen
źle	schlecht, übel, unwohl
żołądek	Magen
serce	Herz
mdłości (Mehrzahl)	Brechreiz
wymiotować, -uje	erbrechen
zemdleć	ohnmächtig werden
pocić się	schwitzen
kac	Kater (nach Alkoholgenuß)

15 f

kochanie	Liebling
pogorszyć się	sich verschlimmern
wykończona	geschafft sein, am Ende sein
biedna	(du) arme
żal mi ciebie	du tust mir sehr leid
masa	eine Menge, viel
ruszać się	sich bewegen
przez tydzień	eine Woche lang
bandaż (214)	Mullbinde, Verband

15 g

patrzeć na (+ 4. Fall)	etwas (an)sehen
krew	Blut
zabandażować	verbinden
krew leci	(es) fließt Blut
o czym	worüber
Ja ci dam!	Ich zeig's dir!
nicpoń	Taugenichts
Nooo…!	Paß auf! (Drohung, Mahnung)
Bo powiem mamie!	Sonst sage ich es der Mutter!

15 h

pechowy dzień	Pechtag
zdenerwowana	aufgeregt
przestraszyć się	sich erschrecken
ze zdenerwowania	vor Aufregung
wrażliwa	empfindlich
niezręcznie	ungeschickt
chwycić	fangen
żeby nie upadła	damit sie nicht fällt
pacjent	Patient, Kranker
na ziemię	auf den Boden
obudzić się	wach werden

15i

co by było, gdyby…	was wäre, wenn…
zatruć się	sich vergiften
poprzedniego dnia	am vorangegangenen Tag, am Vortag
szczęściarz (217)	Glückspilz
natychmiast	sofort
oblać okazję	den Anlaß feiern *(mit Alkohol)*
oszczędzać się	sich schonen
pijany	betrunken
Stać!	Halt!
dyro	Direktor *(umgangssprachlich)*
zwolnić z pracy	jemanden entlassen

15j

Mogło być inaczej.	Es konnte anders sein.
powoli	langsam
schody *(Mehrzahl)*	Treppe
schodzić po schodach	Treppen hinuntergehen
skóra schodzi	die Haut pellt sich
nadwaga	Übergewicht
przeziębić się	sich erkälten
zbyt	allzu
boso	barfuß

15k

kotek	Kätzchen
koteczek	„Katzilein" *(Koseform)*
łapka	Pfötchen
wyciągnąć	reichen, strecken
wziąć za puls	am Puls spüren
dziwy prawić	etwas Merkwürdiges erzählen
zanadto	zu viel
co gorsza	was noch schlimmer ist
myszka	Mäuschen
sadło	Speck
poleżeć	liegenbleiben
kleiczek	Brei
Broń Boże!	Gott bewahre!
ptaszek	Vögelchen
udeczko	Schenkelchen
choć (chociaż)	wenigstens, nicht mal
pijawki	Blutegel
dieta ścisła	strenge Diät
pomyślność	Gelingen, Erfolg
w leczeniu	bei der Behandlung
zawisła od (+ 2. Fall)	(sie) ist abhängig von
kiszki	Innereien
nietknięte	unberührt
pachnąć, pachnie	riechen, duften
łakomstwo	Naschsucht
przebrać miarę	das Maß überschreiten
nieboraczek	der kleine Schlucker
sroga	strenge
ponieść karę	Strafe erleiden
dziateczki	Kinderchen
Strzeż Boże!	Gott bewahre!
rysować, -uje	zeichnen

Lekcja 16

16a

wypadek	Zwischenfall
nie ma o czym mówić	es ist nicht der Rede wert
najważniejsze, że	Hauptsache, daß
nieoczekiwany	unerwartet
zachorować	erkranken
zapomniałam na śmierć	ich *(Frau)* habe total vergessen
śmierć	Tod
dać znać	Bescheid sagen, jemanden wissen lassen
dodzwonić się	durchkommen (am Telefon)
nie ma za co	keine Ursache, macht nichts, es gibt nichts zu verzeihen
Trudno się mówi.	Da kann man nichts ändern.
Stało się.	Nun ist es halt geschehen.
już nic nie poradzi	man kann nichts mehr tun
przywieźli mi (220)	es wurden mir gebracht
wyjście	Ausgang
gdzieś indziej	irgendwo anders
pomóc	helfen
przypomniało mu się (221)	es fiel ihm ein
kłopot (222)	Umstand, Sorge

16b

czytelnik, -icy	Leser
szanowna	geehrte
obrażony	beleidigt
oblewanie mieszkania	Wohnungseinweihung
przywitać się	begrüßen
okazać się	sich herausstellen
kuzynka	Kusine
zrobić scenę	eine Szene machen
latać za babami	hinter den Weibern her sein *(abwertend)*
wycofać się	sich zurückziehen
zimny bufet	kaltes Büfett
kielich	Glas Wodka
humor	Stimmung
skorupa, -y	Scherbe, -n
podłoga	Fußboden
pocieszać	trösten
trafić na (+ 2. Fall)	treffen auf
jest do niczego	es taugt nichts
zdenerwować się	sich aufregen, aus der Fassung geraten
uspokoić się	sich beruhigen
życiorys	Lebenslauf
przerwa w życiorysie	„Filmriß" (Pause im Lebenslauf)
wytrzeźwieć	nüchtern werden
do tej pory	bis jetzt
tamtego wieczoru	jenen Abend
podobno chciałem	ich *(Mann)* soll gewollt haben
pocałować	küssen
odwrócić się	sich abwenden
odejść	weggehen
nadepnąć na (+ 4. Fall)	auf etwas treten, darauftreten
niechcący	ungewollt, unbeabsichtigt
uciec	flüchten
wpaść	hineinfallen
gniewać się	mit jemanden nicht mehr sprechen
skutek	Folge
awantura	Krach, Szene, Auseinandersetzung
wszyscy	alle (Leute)
przeciwko mnie	gegen mich
zmartwiony	Besorgter
poradzić	raten
zachować się	sich benehmen, sich verhalten
aż mi wstyd (223)	es ist mir so peinlich
nie wyszło	es gelang nicht, es klappte nicht
niepokoić się	sich beunruhigen
przesunąć	verschieben
przykro nam	es tut uns leid

16c

a co?	na und?
co ona w nim widzi	was sieht sie in ihm
ofiara	Tölpel
wykształcony	gebildeter
koleżeński	kameradschaftlich
moim zdaniem	meiner Meinung nach
poczucie humoru	Sinn für Humor
opanowany	beherrscht
grać na nerwach	jemanden irritieren
żeby chociaż był…	wenn er wenigstens… wäre
Też masz wymagania.	Na, du stellst aber Ansprüche.
bezczelny	frech
nerwus	nervöser Mensch
złośliwa	giftig, gehässig, bissig
z polotem	mit Phantasie
pewny siebie	selbstsicher
arogancki	arrogant
bubek	eingebildeter Mensch, „Pinsel"
w dodatku	dazu noch
zazdrosny	eifersüchtig
Co ty tam wiesz.	Was weißt du schon.

16d

zdolny	begabt
niż gdyby miał być…	als wenn er… sein sollte
nieśmiały	schüchtern
wymagający	anspruchsvoll
solidny	zuverlässig
kreatywny	kreativ
spontaniczny	spontan
agresywny	aggressiv
tolerancyjny	tolerant
despotyczny	despotisch
sprytny	schlau, gerissen
zarozumiały	eingebildet

towarzyski	gesellig	bezpośredni	direkt
skromny	bescheiden	otwarty	aufgeschlossen
próżny	eitel	ciekawy (+ 2. Fall)	neugierig, interessiert
wyrozumiały	verständnisvoll	wielokrotnie	mehrfach
życzliwy	freundlich, wohlwollend	podkreślać	betonen
dumny	stolz	patriotyzm	Patriotismus
ponury	mürrisch, trübsinnig	duma	Stolz
niecierpliwy	ungeduldig	tłum	Menge, Schar
mądry	klug, weise	stwierdzić	feststellen
gaduła	Schwätzer	religijny	religiös, gläubig
fujara	Tolpatsch	imponować	imponieren
kanciarz	Schwindler, Gauner	zdolność, -ści	Fähigkeit, -en, Begabung, -en
		wymyśleć	sich etwas ausdenken, sich etwas einfallen lassen

16e

cecha	Eigenschaft
charakteryzować się, -uje	kennzeichnen
sędzia, -iowie	Richter
domokrążca	Hausierer
polityk komunalny	Kommunalpolitiker
przedyskutować, -uje	(durch)diskutieren

zwracać uwagę na (+ 4. Fall)	aufmerksam machen auf, die Aufmerksamkeit richten auf
żywy	lebhaft
nawzajem	gegenseitig
szarmancki mężczyzna	charmanter Mann
przepuszczać w drzwiach	vorgehen lassen (an der Tür)
niewdzięczni	undankbar
oczekiwać, -uje	erwarten
społeczeństwo	Gesellschaft
w sferze obyczajowej	im Bereich der Sittlichkeit
pozytywny	positiv
nic dziwnego	kein Wunder
nie pytano	es wurde nicht gefragt
leniwi	faule (Leute)
niepunktualni	unpünktliche (Leute)

16f

wypowiedzieć się	sich äußern, aussagen
pytani (Mehrzahl)	Befragte
opierać się	sich stützen
wypowiedź	Aussage
doświadczenie	Erfahrung
pobyt	Aufenthalt
gościnność	Gastfreundschaft
gościnni	gastfreundliche (Personen)
wyobrażać sobie	sich vorstellen
aż tak	so sehr
niektórzy	manche (Leute)
z rezerwą	distanziert, reserviert
przełamać lody	Eis brechen
stąd	daher
zaskoczenie	Überraschung, Überrumpelung
próg, -ogi	Schwelle, -n
podejmowani są	sie werden empfangen
gospodarz	Gastgeber
aż za	sogar zu (sehr)
kończy się to (+ 5. Fall)	es endet mit
przejedzenie	salonfähiges Wort für „Überfressen"
pospolity	(all)gemeiner, gewöhnlicher

Lekcja 17

17a

baran	Widder
początek	Anfang
dawno	vor langer Zeit
plan	Vorhaben, Plan
uważać	aufpassen
zaszkodzić	schaden
spokojnie	ruhig
byk	Stier
plotka	Gerücht
zburzyć	zerstören

polski	deutsch
dotychczasowe	bisherige
nie obiecuj	versprich nicht
nikomu	niemandem
będziesz pewien	du wirst sicher sein
dotrzymać słowa	Wort halten
uwolnić	befreien
nie marnuj	verschwende nicht
jedź	fahre
bliźnięta *(Mehrzahl)*	Zwillinge
zmusić	zwingen
zadanie	Aufgabe
będzie wymagało	es wird erfordern
zaangażowanie	Einsatz
satysfakcja	Genugtuung
osobisty	persönliche
nie pokazuj	zeige nicht
rak	Krebs
polepszyć	verbessern
sytuacja finansowa	finanzielle Lage
uznanie towarzyskie	Anerkennung im Bekanntenkreis
przynieść uznanie	Anerkennung bringen
podjąć decyzję	Entschluß fassen
odmienić	verändern
słuchaj rady	höre auf den Rat
dobrze życzyć	wohl wollen
nie wahaj się	zögere nicht
żałować, -uje	bedauern
lew	Löwe
rozczarowanie	Enttäuschung
nie rezygnuj	resignier nicht, gibt nicht auf
stosuj	wende an, praktiziere
krok	Schritt
urazić	verletzen
pokaż	zeige mal
poprawić	verbessern
nie denerwuj się	rege dich nicht auf
to potrwa	das wird etwas dauern
panna	Jungfrau
zacznij	fange an
zamierzenie	Vorhaben
ułożyć się	gelingen
odczujesz poprawę	du wirst eine Besserung verspüren
rozwiązać problem	Problem lösen
waga	Waage
marzenie spełni się	ein Traum wird in Erfüllung gehen
przyjaźń	Freundschaft
zastanów się	überlege dir das
źle na tym wychodzisz	du ziehst den kürzeren
zrób	mache
przeszkoda	Hindernis
zagrozić	bedrohen
prawić komplementy	Komplimente machen
bezinteresownie	uneigennützig
strzelec	Schütze
sens	Sinn
refleksja	Reflexion
nie daj się namówić	laß dich nicht überreden
przekonany do	überzeugt sein von etwas
ufaj lepiej	vertraue lieber
uczucie	Gefühl
nie lekceważ	mißachte nicht
ucz się	lerne
dyplomata, -aci	Diplomat, -en
koziorożec	Steinbock
loteria	Lotterie
chwilowy	momentan, vorläufig
izolacja	Isolation
pamiętaj	vergiß nicht
zależeć	abhängen
idź na całego	geh aufs Ganze
zyskać	gewinnen
ponieść stratę	Schaden erleiden
nie przejmuj się (+ 5. Fall)	nimm's leicht
wynagrodzić	belohnen
potrafić	können (beherrschen)
zjednać sobie ludzi	Leute gewinnen
oczarować	bezaubern
zdobyć sympatię	Sympathie gewinnen
przywiązywać wagę do	etwas für wichtig halten
traktować z rezerwą	mit Zurückhaltung behandeln
nie szukaj	suche nicht
zbliż się	komm näher
przykra rozmowa	unangenehmes Gespräch
sprawdź	prüfe
spod jakiego znaku	von welchem Zeichen
przepowiednia	Vorhersage
dotyczyć	betreffen
ułożyć	formulieren
nastawić budzik (229)	Wecker (ein)stellen
podobno (231)	angeblich
mają traktować mnie	(sie) sollen mich (angeblich) behandeln

17b

a niech to	Zum Teufel! *(abgeschwächt)*
zepsuć się	kaputtgehen
niech przyjedzie tramwajem	(dann) soll er doch mit der Straßenbahn kommen
co	*(Bitte um Zustimmung)*
to niech weźmie taksówkę	dann soll er doch ein Taxi nehmen
szkoda	(es wäre) schade, ... zu
zmarnować	verderben
fajno	prima
narazie	bis dann
taksówkarz	Taxifahrer
znać się	sich auskennen
klient nasz pan	der Kunde unser König
niech pan jedzie	fahren Sie
po co te nerwy	wozu diese Hektik
palić się	brennen, *hier:* eilen
spóźniony	verspätet
miałem przyjść	ich sollte kommen
narzeczona	Verlobte
Niech się pan/pani nie boi.	Haben Sie keine Angst.
nie będzie się gniewać	*hier:* (sie) wird nicht böse sein
pani domu	Gastgeberin
dobra, dobra	meinetwegen
dojdę tam	den Rest gehe ich zu Fuß

17c

praktyka	Praktikum
pochodzić po górach	etwas bergwandern
na „saksy"	als Saisonarbeiter nach Deutschland
złożyć podanie	Antrag stellen
plantacja	Plantage
sezon	Saison
nie wiadomo	man weiß nicht, es ist nicht klar
na wszelki wypadek	für alle Fälle
zabrać ze sobą	mitnehmen
żywność	Lebensmittel
zaoszczędzić	sparen

Lekcja 18

18a

wizyta	Besuch
delegacja	Delegation
rada miejska	Stadtrat
zacieśnić	enger gestalten
współpraca	Zusammenarbeit
zostało podpisane	wurde unterschrieben
wspólne oświadczenie	gemeinsame Erklärung
zawarcie umowy	Vertragsabschluß
w przyszłości	in der Zukunft
oficjalna umowa	offizieller Vertrag
partnerskie stosunki	Partnerbeziehungen

18b

podwyższyć	erhöhen
urzędowy	amtlich
prąd	Strom
wprowadzić	einführen
bezwizowy ruch	visafreier Verkehr
wybierać się	vorhaben, zu reisen
burmistrz	Bürgermeister
prezydent	*etwa:* Stadtdirektor
dobrze wyjść (na zdjęciu)	gut aussehen (auf einem Foto)
wymieniać prezenty	Geschenke austauschen
honorowy	Ehren-
toast	Toast
złoty	golden
puchar	Kelch, Pokal

18c

przedwczoraj	vorgestern
uroczystość	Festlichkeit
podpisanie	Unterzeichnung
akt	Urkunde
odbyć się	stattfinden
Sala Pokoju	Friedenssaal
zabytkowy	alt, historisch
złożyć podpis	unterzeichnen
uhonorować	ehren
tradycyjnie	traditionell
przemówienie	Rede
przedstawiciel	Repräsentant, Vertreter
wyrazić	ausdrücken
zawarta umowa	abgeschlossener Vertrag

ułatwić	erleichtert
rozwój	Entwicklung
instytucja	Institution
organizacja	Organisation
wymiana uczniowska	Schüleraustausch
nawiązać	anknüpfen, anbahnen
jednostka gospodarcza	Wirtschaftseinheit
jubileusz	Jubiläum
istnieć	bestehen, existieren
pragnąć	wollen, begehren *(gehoben)*
impreza	Veranstaltung
środowisko	Milieu
zabraknąć	mangeln
wzbogacić	bereichern
wzajemne	gegenseitige
obchody *(Mehrzahl)*	Feiern

18d

w imieniu (+ 2. Fall)	im Namen
członek, -owie	Mitglied, -er
przyjąć	annehmen, entgegennehmen
upominek	(bescheidenes) Geschenk, Andenken
w podziękowaniu za	als Dank für
przekazać	überreichen
dar	(größeres) Geschenk
zrewanżować się	sich revanchieren
powodzenia	(wir wünschen) viel Erfolg, gutes Gelingen

18e

jak dobrze popytać	wenn man (etwas) „nachbohrt"
A to dopiero!	Ach du liebe Zeit!
akcent	Akzent
matura	Abitur
obawiać się	fürchten
siąść	sich setzen

18f

podobny	ähnlich
oczyszczać	reinigen
strumieniowe	Strahlen-
element	Teil
poddawać	unterziehen, aussetzen
obróbka	Be-, Verarbeitung
szklana perełka	Glasperle
metaliczny	Metall-
ceramiczny śrut	keramischer Schrot
przywieźć	mitbringen
próbka	Probeexemplar
efekt	Ergebnis
praktyka	Praxis
prospekt	Prospekt
zastąpić	ersetzen
dokumentacja przewozowa	Speditionsunterlagen
odprawa celna	Zollabfertigung
żeby robiono kłopoty	daß man Schwierigkeiten macht
pojedyńcza	einzelne
naszkicować	skizzieren
dane konstrukcyjne	Konstruktionsdaten
na tej podstawie	auf dieser Grundlage
wstępna oferta	Kostenvoranschlag
przyśpieszyć	beschleunigen
procedura	Prozedur
ustalić	festlegen
termin dostawy	Liefertermin
bieżący rok	laufendes Jahr
na składzie	auf Lager
oczyszczarka	(Sand-)Strahlanlage
konstruować, -uuje	konstruieren
stosownie	entsprechend, gemäß, nach
potrzeba	Notwendigkeit, Erfordernis
egzemplarz	Exemplar
dostarczyć	liefern

Quellenverzeichnis

Der Verlag dankt folgenden Personen, Institutionen und Unternehmen für ihre freundliche Genehmigung zum Abdruck von Copyright-Material:

Austrup, Michael, Münster: Fotos S. 12 (4), 13 (2), 16, 34 (1), 42, 46, Umschlagfoto
Bergmann, Karin: Fotos S. 38 (1), 62
Brzechwa, Jan, „Dzieła Wybrane" PIW 1957: Text S. 47
Cohama GmbH: Fotos S. 39
Foto-alfa, Gdańsk: Foto S. 23
Gałczyński, Konstaty Ildefons, „Teatrzyk Zielona Gęś": Text S. 14
Isser, Wolfgang, Ismaning: Foto S. 13 (1)
Jachowicz, Stanisław, „Pan Kotek był chory", Nasza Księgarnia 1952: Text S. 85
Jujka, Zbigniew, Gdańsk: Cartoons S. 24, 92
Kern, Ludwik Jerzy: Text S. 67
Köttgen, Alina, Münster: Zeichnungen S. 21/22, 40/41, 42, Fotos S. 12 (1–3), 13 (3), 17, 21, 34, 35 (1), 36, 38 (2), 47, 58, 71 (2, 4, 5, 6), 73, 96, 97
Köttgen, Gerd, Wuppertal: Fotos S. 66 (4), 70
Noske, Thomas, Lüdinghausen: Fotos S. 54
Ostaszewski, Jacek, Warszawa: Zeichnungen S. 9
Państwowe Przedsiębiorstwo Wydawnictw Kartograficznych, Warszawa: Landkarte S. 98/99

Pacewicz, Piotr, Gdańsk: Cartoons S. 27
Reimer, Boris, Hamm: Zeichnungen S. 10, 31, 33, 89, 92, 94
Rickmann, Bernd, Münster: Fotos S. 66 (1, 3, 5)
Roszczyk-Korawa, Danuta, Münster: Zeichnungen S. 15, 73
Sudnikowicz, Jola, Elblag: Fotos S. 20, 35 (2)
Südverlag GmbH, Konstanz 1982. Aus: „o. e. plauen, Vater und Sohn". Gesamtausgabe. Mit Genehmigung der Gesellschaft für Verlagswerte GmbH, Kreuzlingen, Schweiz: Zeichnungen S. 83
Szancer, Jan Marcin: Zeichnung S. 85
Tuwim, Julian, „Wiadomości Literackie", Warszawa 17. 4. 1938, Nr. 17: Text S. 31
Westfälische Nachrichten, Münster: Fotos S. 94, 95
Wippermann, Kalle, Münster: Fotos S. 17, 34 (2)
Zumkley, Michael, Münster: Fotos S. 55, 66 (2), 71 (1, 3)